DOREEN VIRTUE

Die Heilkraft der Feen

Aus dem Amerikanischen übertragen von Angelika Hansen

WILHELM HEYNE VERLAG
MÜNCHEN

HEYNE ESOTERISCHES WISSEN

Herausgegeben von Michael Görden
13/9923

Die Originalausgabe erschien 2001 unter dem Titel
HEALING WITH THE FAIRIES
im Verlag Hay House, Inc., Carlsbad, CA

Umwelthinweis:
Dieses Buch wurde auf
chlor- und säurefreiem Papier gedruckt.

Taschenbuchausgabe 04/2003

Der Wilhelm Heyne Verlag ist ein Unternehmen
der Ullstein Heyne List GmbH & Co. KG
www.heyne.de
Printed in Germany 2003
Lektorat: Renate Schilling
Umschlaggestaltung: FranklDesign, München
Umschlagillustration: Nancy Chien-Eriksen
Satz: Fotosatz Völkl, Türkenfeld
Druck und Bindung: Ebner & Spiegel, Ulm

ISBN 3-453-86449-2

Inhalt

Für Gott
und die wunderbaren Feen, Delphine,
Meerjungfrauen, aufgestiegenen Meister und Engel.
Mein Herz fließt über in Dankbarkeit
für all eure Hilfe!

Vorwort: Die Wahrheit über Feen

Wie die meisten Kinder, hatte auch ich ein Lieblingsbuch mit Gutenachtgeschichten. Doch waren es nicht die Geschichten, die meine kindliche Begeisterung weckten, sondern vielmehr das Bild auf dem Umschlag des Buches. Immer wieder schaute ich mir lange die phantastisch detaillierte Zeichnung purpurner und weißer Lilien an. Jede Blume in dieser Zeichnung beherbergte eine wunderschöne, winzige Fee, die auf die gleiche Weise in der Blume lebte wie Sie und ich in Häusern, Geschäften und Bürogebäuden. Die Blumen waren ihre Stadt, ihr Zuhause und ihre Familie.

Ich habe mir immer mit Begeisterung Feenbilder angesehen, doch erst im Erwachsenenalter begann ich aktiv mit dem Reich der Feen zu arbeiten. Vielleicht tat ich es jedoch unbewusst schon früher, während meiner Kindheit, wenn ich auf der Wiese hinter dem Haus meiner Eltern spielte.

Es ist interessant, dass ich seit jeher an Engel geglaubt habe, doch mich erst spät in meinem Leben mit Feen zu beschäftigen begann. Ich kann mir vorstellen, dass viele Erwachsene die gleiche Erfahrung gemacht haben. Doch verlief auch diese Entwicklung in perfekter göttlicher Ordnung, denn sie entspricht meiner gegenwärtigen Aufgabe, den Menschen von der Realität der Feen zu berichten und ihnen zu zeigen, wie sie mit ihnen zusammenarbeiten können.

Es ist eine Tatsache, dass die meisten Menschen Engel lieben. Bis zu achtzig Prozent aller Menschen glauben, dass es Engel gibt. Doch nur ein wesentlich geringerer Prozentsatz glaubt, dass Feen wirkliche, lebendige Wesen sind. Stattdessen werden sie lediglich als Phantasiefiguren in Märchen und Sagen betrachtet. Außerdem gibt es Menschen, für die Feen Symbole okkulter Götzenanbetung sind. Besonders Mitglieder christlicher Gemeinschaften verstehen manchmal nicht, dass auch Feen ein Teil von Gottes wundersamer Schöpfung sind – ein Teil des Engelreichs, dessen Aufgabe es ist, über Pflanzen, Tiere und die Erde als Ganzes zu wachen. Wieder andere denken, dass Feen nicht vertrauenswürdig sind, sondern neckische Kobolde, die Gegenstände verstecken oder sogar schlimmeres Unheil anrichten.

Die Wahrheit ist, dass Feen hier sind, um das Leben aller Wesen, einschließlich uns Menschen, zu verbessern und zu verlängern. Niemand sagt, dass wir Feen oder Engel *anbeten* sollen – die Feen und Engel überlassen alle Ehre dem Schöpfer. Da Gottes Liebe und Licht allgegenwärtig sind, sind Menschen, Engel und Feen alle in Einheit verbunden.

Die lebendige Welt der Geistwesen

Wenn ich mir mit meiner Gabe des Hellsehens furchtlos die Welt der Geistwesen anschaue, sehe ich viele so genannte mythische Geschöpfe, deren Existenz genauso real ist wie unsere. Ich habe schon vor langem erkannt, dass wir alle in unserem Inneren Funken des göttlichen

Lichtes sind. Jedoch gibt es viele verschiedene Formen und Ebenen, die wir an- und einnehmen können.

Jeder göttliche Funken, der inkarniert, lebt auf einer bestimmten Ebene des Seins. Menschen leben auf der dichtesten Energiestufe, gefolgt von Pflanzen und Tieren, die stärker spirituell ausgerichtet sind als die meisten Menschen. Feen und andere Elementarwesen leben auf der Stufe der Astralebene, gleich oberhalb der von Tieren und Pflanzen, was bedeutet, dass sie nur halb inkarniert sind und halb in der geistigen Welt leben.

Verstorbene leben nach dem Tod auf einer Ebene etwas oberhalb der Ebene der Feen und unterhalb der aufgestiegenen Meister. Das Reich der Engel befindet sich auf der höchsten Stufe der Astralebene und sie besitzen die geringste Dichte von allen Geistwesen, die uns hier auf Erden unterstützen.

Meine Lehrer im himmlischen Reich der Engel haben mir vom Reich der Feen berichtet. Weit davon entfernt, erfundene Gestalten zu sein, die die Welt der Märchen bevölkern, sind diese Wesen sehr real, mächtig und liebevoll. Feen sind Gottes Schutzengel der Natur und sie sorgen für die Gesundheit und Sicherheit von Tieren, Pflanzen und von Mutter Erde. Außerdem spielen sie auch insofern eine wichtige Rolle, als sie uns Menschen unterstützen und führen und ein Gefühl für Zauber, Verspieltheit und Romantik in unser Leben bringen.

Doch die Existenz der Feen ist gefährdet, weil wir nicht an sie glauben. Jedes Mal, wenn wir eine wilde Pflanze ausreißen oder einen Baum fällen, zerstören wir ihren Lebensraum, und mit giftigen Pestiziden und Reinigungsmitteln verursachen wir ihnen großes Leid. Im Gegensatz zu den Engeln besitzen Feen einen physischen Körper. Es ist zwar ein sehr leichter, ätherischer Körper, doch im Großen und Ganzen hat er dieselben Bedürfnisse wie auch ein menschlicher Körper.

Die Botschaft der Feen

Feen sind höchst hellfühlig, was bedeutet, dass sie emotional und physisch empfindsam sind für die Gedanken und Gefühle anderer Lebewesen. Feen sind so empfindsam, dass sie den Schmerz aufnehmen, der Pflanzen, Bäumen und Tieren zugefügt wird. Sie sind die Schutzengel der Natur und fühlen sich nicht glücklich, bevor sie diese Aufgabe nicht erfüllt haben. Dabei brauchen die Feen *uns*, um ihre Aufgabe erfüllen zu können.

Die Feen möchten, dass wir mit ihnen zusammen den Planeten schützen, und die beste Art, die Feen kennen zu lernen, besteht darin, die Erde gut zu behandeln. Wenn Sie zum Beispiel spazieren gehen, sollten Sie eine Plastiktüte mitnehmen, um auf dem Weg herumliegende Abfälle aufzusammeln. Vermeiden Sie Abfall so weit wie möglich und spülen Sie alle leeren Dosen und Flaschen aus, bevor Sie sie zum entsprechenden Recyclingcontainer bringen. Kaufen und essen Sie so viel biologisch angebaute Nahrungsmittel wie möglich – Ihrer Gesundheit zuliebe und um nicht den Gebrauch von Pestiziden zu unterstützen, die unsere Umwelt und die Feen stark beeinträchtigen (stellen Sie sich den Ausdruck auf dem Gesicht einer Fee vor, wenn sie gezwungen ist, Insektenspray einzuatmen!).

Wenn Sie anfangen, mit den Feen zu arbeiten, können Sie sie möglicherweise im Wind spüren, der durch die Blätter weht, im Duft von Blüten oder im Geruch des Rasens und der Erde. Vielleicht werden Sie sich auch der Anwesenheit der Feen bewusst, wenn Sie Büsche im Mondschein erblicken oder Blüten betrachten, die sich eben der Sonne öffnen. Doch im Laufe der Zeit, wenn Sie die Feen besser kennen lernen, werden diese für Sie immer mehr sichtbar werden.

Ich war entzückt zu entdecken, wie wunderbar wir uns in der Gesellschaft von Feen fühlen. Sich einfach nur in der Gegenwart einer Fee aufzuhalten, kann uns Euphorie, Verspieltheit, Leichtigkeit und ein tiefes Glücksgefühl schenken. Die Feen können uns außerdem helfen, unser Herzzentrum zu finden. Sie sind von Natur aus begnadete Heiler, die gerne bereit sind, uns beim Auflösen von Angst und Dunkelheit in unserem Leben zu unterstützen.

Anmerkung: Um im nachfolgenden Text zwischen den Botschaften der Engel und Feen und Doreens mental projizierten Fragen und Antworten zu unterscheiden, sind erstere kursiv und mit Anführungszeichen geschrieben, letztere dagegen nur kursiv ohne Anführungszeichen.

KAPITEL 1

Zurück zur Natur

»Mach lange Spaziergänge in der Natur.« Seit Tagen hatte ich diese Aufforderung in meinem Inneren vernommen, vor allem dann, wenn ich auf mein Laufband stieg, um in der Bequemlichkeit meines Schlafzimmers meine täglichen vier Meilen zurückzulegen. Während ich die elektronische Anzeige auf meinem Trainingsgerät beobachtete, hörte ich innerlich immer wieder die Botschaft: »Geh und mach das draußen!«

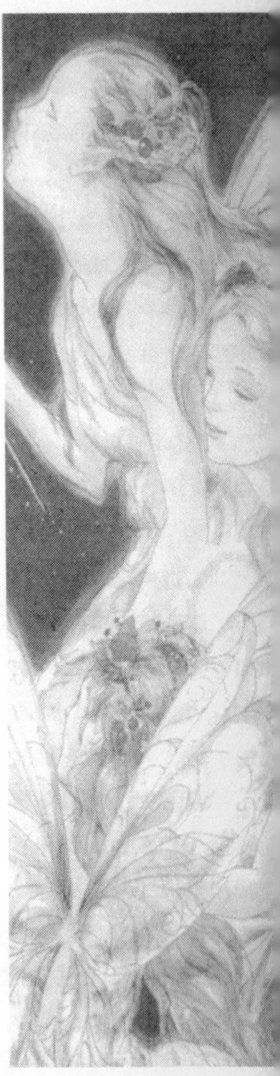

Damals wusste ich noch nicht, dass ein paar sehr spezielle Engel – jene, die der Natur zugeordnet sind – versuchten, meine Aufmerksamkeit zu wecken. Doch ihre beharrliche Botschaft drang schließlich zu mir durch und an einem sonnigen Mittwochnachmittag verzichtete ich auf das Laufband und ging stattdessen ins Freie.

Ich lief die Selva Avenue in Dana Point entlang, einer kleinen kalifornischen Stadt an der Pazifikküste auf halbem Weg zwischen San Diego und

Los Angeles, wo ich damals wohnte. Während der Verkehr auf dem Golden Lantern Boulevard vorbeibrauste, fragte ich mich, warum ich wohl aufgefordert worden war, nach draußen zu gehen. Verglichen mit dem Gehen auf dem Laufband in der ruhigen Atmosphäre meines Schlafzimmers, kam mir das hier sehr stressig vor.

Als ich dann am nächsten Tag auf das Drängen der Feen hin wieder draußen spazieren ging, nahm ich meinen Walkman mit – in der Hoffnung, dass die Lautstärke der Kassette den Verkehrslärm übertönen würde.

Mit den Engeln schreiben

Das war im Frühjahr 1997. Ich hatte soeben mein Buch *The Lightworker's Way* beendet, das ich in völliger Isolation geschrieben hatte. Dreieinhalb Monate lang hatte ich mein Telefon abgestellt und allen Freunden und Bekannten gesagt, dass ich mich erst dann wieder mit ihnen treffen würde, wenn das Buch fertig war. Während des Schreibens waren die Anweisungen der Engel besonders genau gewesen. Sie forderten mich auf, in einem Zustand zentrierter Meditation zu verweilen, mich mit frischen Blumen zu umgeben, weiches Licht zu benutzen und mir klassische Musik anzuhören. Außerdem forderten sie mich dringend auf, mich von weltlichen Dingen fern zu halten und mich auf die Realität von Frieden und Liebe zu konzentrieren.

Obwohl die mir auferlegte Isolation nicht einfach zu ertragen war, brachte es unmittelbare positive Resultate, wenn ich die Ratschläge der Engel befolgte. Mein Arbeitszimmer fühlte sich an wie ein Ashram, eine heilige Höhle voll hoher und reiner Energie. Das Buch schien diese hohe Energie und Intention widerzuspiegeln und heute noch ist es eines meiner Lieblingswerke.

Und jetzt war ich dabei, ein neues Buch zu schreiben, das den Titel *Angel Therapy** tragen sollte. Das ganze Projekt erschien mir eigenartig »geführt«, als ob die Engel genau wüssten, was und wie das Buch sein würde. Selbst der Vorlauf für die Veröffentlichung schien irgendwie unwirklich. In der Vergangenheit hatte mein Verleger immer verlangt, dass ich ihm ein detailliertes Exposé vorlege. Doch in diesem Fall hatte ich ihm einfach per E-Mail einige Sätze geschickt und erwähnt, dass ich gerne ein Buch mit dem Titel *Angel Therapy* schreiben würde. Mein Verleger war sofort damit einverstanden und schickte mir einen Buchvertrag, ohne mir weitere Fragen über das geplante Buch, die Seitenzahl oder sonstige Einzelheiten zu stellen.

Auch das Schreiben des Buches verlief eigenartig. Wann immer ich mich hinsetzte, um zu schreiben, schien ich mich in eine Art Trancezustand zu begeben. Mir war nicht im Geringsten bewusst, welche Worte

---

* Auf Deutsch erschienen unter dem Titel *Das Heilgeheimnis der Engel.* Heyne, München 2001.

über meine Finger in den Computer gelangten, und ich hatte regelrecht Angst davor, das Geschriebene anschließend zu lesen. Ein Teil von mir fürchtete, dass der Text unverständlich sein würde und ich mit dem Schreiben ganz von vorne beginnen müsste. Außerdem war mir bewusst, dass der Vorgang des Schreibens in Trance meine Probleme mit dem Thema »Kontrolle« an die Oberfläche brachte. Mich hinzugeben und rückhaltlos zu vertrauen, war für mich neu und fiel mir daher nicht leicht – vielleicht ein Resultat meiner halsstarrigen Stier-Natur oder auch der Tatsache, dass ich die Älteste in der Reihe meiner Geschwister bin.

Nichtsdestotrotz war ich mir der Anweisungen der geistigen Welt sehr bewusst. Nie zweifelte ich ihre Gültigkeit an; ich zögerte lediglich, ihnen zu folgen. Seit einem versuchten Überfall am 15. Juli 1995, bei dem ich die Warnungen meines Engels ignoriert und nur um Haaresbreite einem Raubüberfall und vielleicht Schlimmerem entgangen war, hatte ich immer mein Bestes getan, den Rat der himmlischen Mächte zu befolgen.

Während des Schreibens von *Angel Therapy* verhielten sich die Engel wie Trainer, die mich berieten und zu einer optimalen Leistung motivierten. Es war klar, dass sie wollten, dass dieses Buch geschrieben und veröffentlicht wird. Also dachte ich, dass die wiederholten Aufforderungen, nach draußen zu gehen, Teil dieses Prozesses waren. Es sollte sich jedoch herausstellen, dass ich dabei auf eine Arbeit vorbereitet wurde, die sie für meine Zukunft geplant hatten: das Buch, das Sie jetzt gerade in der Hand halten.

Kontaktaufnahme mit der Natur

Schnellen Schrittes ging ich die Selva Avenue entlang, während ich über die Kopfhörer der angenehmen männlichen Stimme lauschte, die aus dem *Kurs in Wundern** vorlas. Auf nichts anderes als die Worte in meinem Ohr und meine Schritte achtend, wäre mir beinahe ein außergewöhnlicher Anblick entgangen, doch das intensive Purpur einiger Bougainvillea-Sträucher direkt vor mir brachte mich in die Wirklichkeit zurück. Ich stellte den Recorder ab, um den Blüten meine volle Aufmerksamkeit zu schenken. Nie zuvor hatte ich einen solch pulsierenden Farbton gesehen. Das bläuliche Purpur war so blendend, dass ich mich gar nicht daran satt sehen konnte.

Ich brachte mein Gesicht so nahe wie möglich an die Blüten heran, um mein Blickfeld ganz mit dieser köstlichen Farbe anzufüllen. Doch das war nicht genug; ich hatte das Gefühl, als ob ich diesen leuchtenden Farbton in mich aufnehmen und mit ihm verschmelzen wollte. Ich ging weiter zur nächsten Bougainvillea, die sich vor mir über den Bürgersteig ergoss, und zur nächsten und zur nächsten. Ungefähr eine Stunde verging, während ich wie gebannt inmitten dieser herr-

---

* *Ein Kurs in Wundern.* Greuthof, Gutach 1994.

lichen Blüten stand, die aussahen wie purpurfarbene Schmetterlinge, die auf den Spitzen grüner Blätter sitzen.

Als ich mich von meinen neuen Freunden losriss, stellte ich verblüfft fest, dass ich den Verkehrslärm überhaupt nicht bemerkt hatte. Mein Kontakt mit der Natur war so tiefgehend gewesen, dass Zeit und Geräusche aufgehört hatten zu existieren. Und in diesem Moment hatte ich Kontakt mit den Naturengeln aufgenommen – den Feen und Elementarwesen –, obgleich es noch eine Weile dauern sollte, bis mir diese Tatsache bewusst wurde.

Am nächsten Tag folgte ich einem inneren Gefühl und ließ meinen Kassettenrecorder zu Hause. Ich wusste, dass die Engel mich baten, meine Ohren offen zu halten, damit ich sie besser hören konnte. Meine innere Stimme forderte mich auf, zusammen mit meinem Schlüssel und einer Flasche Wasser ein leeres Notizbuch und einen Stift einzustecken. Ich holte eine grünweiß gemusterte Tasche aus meinem Schrank, die ich vor Jahren als Gast einer Talkshow geschenkt bekommen hatte, und legte mein Notizbuch hinein (in einen kleinen Plastikbeutel gewickelt, damit nicht eine unerwartete Meereswelle die aufgeschriebenen Botschaften unleserlich machen konnte – denn ich war mir sicher, dass ich Botschaften erhalten würde).

Am Abend zuvor war ich mit dem Schreiben besonders gut vorangekommen. Normalerweise war ich nicht in der Lage, länger als fünfzehn bis dreißig Minuten zu channeln, ohne Kopfschmerzen zu bekommen, doch letzte Nacht war es mir möglich gewesen, beinahe zwei Stunden lang die Worte niederzuschreiben, die mir durchgegeben wurden. Hatte das vielleicht etwas mit meiner Begegnung mit den Bougainvilleen zu tun?

Als ich die Engel fragte, warum ich während des Channelns immer Kopfschmerzen bekam – schließlich hatte ich früher kaum jemals darunter zu leiden gehabt –, ließen sie mich wissen, dass meine Angewohnheit, ständig Schokolade zu naschen, meine Schwingungsfrequenzen störte. Mit anderen Worten, meine »Antenne« hatte Schwierigkeiten, den Kontakt mit den hohen Frequenzen der Engel herzustellen, weil der Genuss von Schokolade mich schwer und langsam machte.

Mir war schon vor längerer Zeit bewusst geworden, dass Schokolade ein unzureichender Ersatz für zwischenmenschliche Liebe ist und dass wir oft dann Verlangen nach ihr haben, wenn wir uns in Wirklichkeit nach einer Liebesbeziehung sehnen. Doch jetzt erklärten mir die Engel, dass das Bedürfnis nach Schokolade in Wahrheit die Sehnsucht nach der Liebe Gottes ist – die Sehnsucht, uns mit unserem Schöpfer zu verbinden!

Wenn wir Schokolade essen, blockieren wir die Nervenrezeptoren, die für göttliche Liebe vorgesehen sind, mit der synthetischen Chemikalie »Phenylethylamin« – kaum ein Ersatz für die allumfassende Liebe, die wir empfinden, wenn unser Herz erfüllt ist von der Liebe für unseren Schöpfer und die ganze Schöpfung.

Doch war ich eine typische Schokoladesüchtige und widersprach daher innerlich den Engeln. Immerhin handelte eins meiner Bücher ausschließlich von der Sucht nach Schokolade! Ich hatte täglich Verlangen nach Schokolade und gab diesem Verlangen auch immer nach, obwohl ich inzwischen zu »gesünderen« Varianten übergegangen war, wie zum Beispiel Sojamilch mit Schokoladengeschmack, Schokoreiswaffeln oder »Gesundheitsriegel« mit Schokolade.

Wenn ihr wollt, dass ich keine Schokolade mehr esse, müsst ihr mein Verlangen danach auflösen! Ich schrie meine Engel dabei regelrecht an. Ich habe gelernt, dass die Engel es schätzen, wenn wir ehrlich und authentisch sind, und dass sie sich nicht angegriffen fühlen, wenn wir unsere Gefühle ehrlich zum Ausdruck bringen. In jenen Momenten der Verzweiflung, als ich mich fragte, wie um alles in der Welt ich der göttlichen Führung folgen und meine tägliche Ration Schokolade aufgeben sollte, waren die Engel also an meinen empörten Tonfall bereits gewöhnt. Engel konzentrieren sich ausschließlich auf die Liebe, die sie in uns sehen, und nicht auf unsere Ängste, die Zorn und Misstrauen auslösen.

Meine Bitte, dass die Engel mein Verlangen nach Schokolade heilen sollten, war halb rhetorisch und halb ernst gemeint. Sollte es den Engeln wirklich möglich sein, eine lebenslange Sucht nach einem dick machenden Stimulans aufzulösen? Am nächsten Tag erhielt ich die Antwort: Als hätten die Engel im Laufe der Nacht an mir gearbeitet, war ich am Morgen frei von jeglichem Verlangen nach Schokolade. Seit jenem Tag habe ich weder Sehnsucht nach Schokolade verspürt noch jemals wieder welche gegessen, in welcher Form auch immer – keine geringe Leistung für die frühere selbst ernannte »Königin der Schokolade«. Seither haben mir viele meiner Seminarteilnehmer, Schüler und Leser von ähnlichen Resultaten berichtet, nachdem sie ihre Engel um Hilfe beim Umgang mit Süchten jeglicher Art gebeten hatten.

Beinahe umgehend war ich in der Lage, über einen längeren Zeitraum zu channeln als vorher, ohne Kopfschmerzen oder sonstiges körperliches Unbehagen. Als ich während meines Spaziergangs darüber nachdachte, hörte ich die Engel sagen: *»Alle Nahrungsmittel wirken noch auf dich, lange nachdem sie verdaut sind.«* Ich hielt inne und notierte diesen Satz in mein kleines Notizbuch. *Aha, die Engel werden mich also auf meinen Spaziergängen in der Natur unterweisen!*, dachte ich. *Kein Wunder, dass sie nicht wollen, dass ich durch das Anhören einer Kassette abgelenkt werde! Ich bin hier, um ihnen zuzuhören und Notizen zu machen.*

An jenem Tag setzte ich mich an den nebelverhangenen Strand, einen Stift in der Hand, während die Engel mir die Wirkung von Nahrungsmitteln auf unsere Psyche erklärten, Informationen, die ich in meinen Büchern *Divine Prescriptions* und *Eating in the Light* veröffentlicht habe.

Doch mir war damals kaum bewusst, dass eine bestimmte Gruppe aus dem Reich der Engel, bekannt als »Elementale« oder »Elementarwesen«, mich beriet. Diese Wesen sind die Ärzte, Krankenschwestern und

Berater der Natur, deren Aufgabe es ist, alle Erdenbewohner zu unterstützen und zu heilen (einschließlich der Menschen). Feen sind eine bestimmte Art solcher Elementarwesen und Sie werden im Verlauf dieses Buches noch andere Mitglieder des Elementarreichs kennen lernen.

Für mich sind alle geistigen Wesen, die uns helfen, »Engel«, und Elementarwesen helfen uns ganz zweifellos. In meinem eigenen Fall hatte ich jedoch keine Ahnung, in welchem Ausmaß die Feen und andere Elementarwesen mir halfen und wie sehr sie Teil meines Lebens waren.

Die Naturengel

Ich unternahm weiterhin meine täglichen Spaziergänge, machte Notizen und war mit dem Schreiben in Trance beschäftigt. Für die zweite Hälfte des Buches *Angel Therapy* diktierten mir die Engel unter anderem Informationen über die »Naturengel« und lehrten mich – wie auch alle meine Leser, die noch nichts über Naturengel wissen – interessante Dinge über die Interaktion mit Feen. Ich erfuhr, dass Feen die Schutzengel der Tiere sind und dass sie außerdem eng mit Blütenpflanzen zusammenarbeiten.

Während ich die Worte las, die mir von den Engeln durchgegeben worden waren, warf ich zufällig nebenbei einen Blick auf meinen Kater Romeo und sah glühende Lichtpunkte um ihn herumtanzen. Ich war so überrascht und entzückt, dass es mir für einen Moment den Atem verschlug. Dann schaute ich zu dem Lilienstrauß in meinem Arbeitszimmer. Es war mir noch nie in den Sinn gekommen, nach Feen Ausschau zu halten! Doch hier waren sie – kleine, zierliche Gestalten, die wie zarte Libellen von einer Blüte zur nächsten huschten. Halb sah ich sie mit meinen inneren Augen und halb mit meinen äußeren, ähnlich wie ich Engel, Verstorbene oder die Aura von Menschen wahrnehme. Mein geistiges und mein körperliches Sehen verschmelzen dabei zu einem Ganzen, um mir eine einheitliche Vision der geistigen Welt zu vermitteln, die ich mit meinen geöffneten physischen Augen sehe.

Die Engel – oder waren es die Feen? – übermittelten mir weitere Informationen für das Kapitel über Naturengel. Sie sagten, dass wir Menschen vorsichtig sein sollten, wenn wir uns in der Natur aufhalten oder den Rasen mähen, und dass wir den Feen geistige Warnungen senden sollten, damit sie sich rechtzeitig vor unseren Füßen und den Rasenmähern in Sicherheit bringen können. Außerdem warnten sie eindringlich vor dem Gebrauch von Pestiziden, da Gifte für die Feen genauso schädlich sind wie für Insekten.

Sie erklärten, dass Feen eine Art physischen Körper haben, was bedeutet, dass ihnen Umweltgifte und menschliche Unvorsichtigkeit schaden. Alle Wesen – ob Menschen, Tiere, Feen, Verstorbene oder Engel – besitzen einen Körper, der aus Energie und Licht besteht. Dieses Licht hat eine Form, die dem betreffenden Wesen Kontur und Masse verleiht. Das Bewusstsein oder Gedankenmuster des Wesens bestimmt die Dichte seiner

Energie. Wir Menschen haben die dichtesten, festesten, undurchsichtigsten Körper, da unsere Gedanken zum größten Teil auf materielle Dinge konzentriert sind. Wir denken schwere Gedanken und unsere Körper reflektieren dieses Bewusstsein.

Die Engel sagten, dass wir Menschen die Dinge immer auf die schwierige Art tun – wie zum Beispiel stillschweigend einen Job zu erdulden, der uns nicht zusagt, statt die Macht von Gedanken und Gebet zur Manifestation von Veränderungen zu benutzen – und deshalb dichte, schwere Körper haben, die nichts anderes sind als Ansammlungen verhärteter Gedanken über die Materie.

Im Gegensatz dazu benutzen die Wesen des Elementarreichs die Technik der geistigen Manifestation, um ihre Bedürfnisse zu erfüllen. Dies verleiht ihnen mehr Leichtigkeit, daher sind auch ihre Körper leichter als unsere. Jedoch ist die Denkweise der Feen wiederum schwerer als die der Engel, die völlig auf den Geist konzentriert sind. Für die Engel sind Jesu Worte »Trachtet zuerst nach dem Reich Gottes und seiner Gerechtigkeit, so wird euch das alles zufallen« das leitende Prinzip, das von der Schwere, dem Leiden und der Härte des Lebens befreit.

Dann sagten die Engel mir etwas, das ich sofort als wahr empfand, das mich aber dennoch überraschte: *»Eure menschlichen Körper sind Elementarwesen. Sie haben eine ganz eigene Lebenskraft und Intelligenz, die aus dem Elementarreich stammt.«* Die Engel erklärten, dass unser Körper eine natürliche Intelligenz besitzt, die seine Systeme reguliert, aber gleichzeitig das ungestüme Temperament eines zweijährigen Kindes haben kann.

Dieses Kind in unserem Körper – das Wesen, das ungeduldig Dinge fordert und verlangt, die manchmal gesund und manchmal schädlich sind – ist das Elementarwesen in jedem von uns. Der Körper ist ein separates, individuelles Wesen, mit einem eigenen Verstand, einer eigenen Lebenskraft und einem eigenen Lebensplan. Unser Körper gehört uns nicht und ist keine Verlängerung von uns. Er ist im Grunde genommen ein Partner, mit dem wir eine synergetische Beziehung in gegenseitiger Abhängigkeit haben. Wir brauchen den Körper, damit er die Seele beherbergt und transportiert, und der Körper braucht die Seele, um Nahrung, Schutz und Bewegung zu erhalten. Der Ursprung des Körpers liegt in der geistigen Welt, jedoch ist er ein dichtes Wesen der Erde. Daher sind Körper Teile des irdischen Reichs der Engel – mit anderen Worten, sie gehören der Ebene der Elementarwesen an. Der Körper ist sozusagen unsere innere Fee, unser innerer Kobold, Einhorn, Meerjungfrau oder irgendeines der anderen Mitglieder des Elementarreiches.

Unsere Körper sind also Elementarwesen! Ich staunte über diese Erkenntnis. Unsere Körper sind dichter als die feinen, ätherischen Körper der Feen, doch gehören sie eindeutig zur selben Familie. Kein Wunder, dass die Feen brillante Heiler für den menschlichen Körper sind – sie kümmern sich lediglich um ihre

Verwandten, wenn sie an unseren Körpern arbeiten! Sich einfach in der freien Natur aufzuhalten mit der Absicht, Kontakt mit den Feen aufzunehmen, kann deshalb bereits eine heilsame Wirkung auf den Körper haben.

KAPITEL 2

Das Herz-Chakra

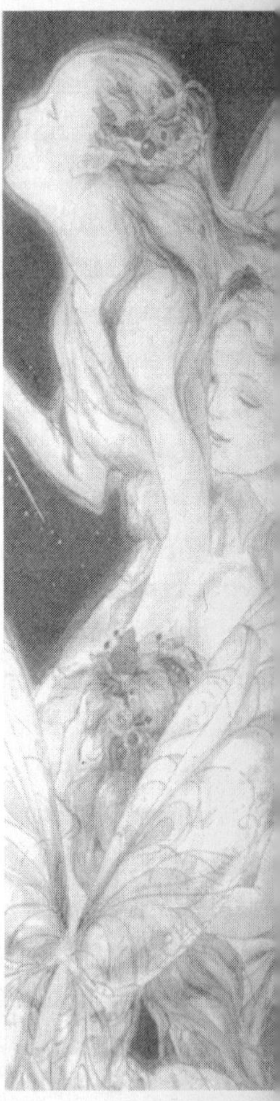

An jenem Abend war ich mir der Elementarebene innerhalb meines Körpers äußerst bewusst, als ich das Abendessen für uns – meinen Ehemann Michael, meinen Sohn Grant und mich selbst – zubereitete. Während ich Maiscracker auf den Tellern verteilte, war ich versucht, mir ein paar davon in den Mund zu stecken, doch erkannte ich dieses Bedürfnis sehr schnell als etwas, das von meinem Elementarkörper stammte. Wie ein zweijähriges Kind verlangte mein Körper sofortige Bedürfnisbefriedigung. Doch einfach schon das Wissen um seine fordernde Natur war mir eine Hilfe. Denn innerlich sagte ich zu meinem Körper: *In ein paar Minuten wirst du jede Menge zu essen bekommen*, und meine Worte zügelten sein gieriges Verlangen sofort.

In diesem Augenblick stürmten Grant, der gerade sechzehn geworden war, und mein Kater Romeo in die Küche. Offensichtlich waren auch sie hungrig. Grant fragte: »Ist das Abendessen bald fertig?«, und Romeo stellte mit seinem »Miau!« die gleiche Frage. Mein süßer Kater strich zärtlich an meinem Bein entlang und schnurrte, als ich eine Dose Katzenfutter für ihn öffnete.

Ich betrachtete Romeo und Grant und mir stockte beinahe der Atem, als ich erkannte, wie viel mir die beiden bedeuten. Grant, mein jüngster Sohn, war groß geworden und sah blendend aus. Er war seit jeher ein unbeschwerter Mensch gewesen, vom ersten Tag an – und jetzt zeigte sich, dass er sowohl ein außergewöhnlich guter Schüler war als auch ein junger Mann mit einem großen Herzen und einem hohen Maß an Integrität. Kürzlich hatte ihm seine Schule eine Auszeichnung als bester Schüler in Geschichte verliehen. Ich liebte und achtete ihn so sehr!

Und Romeo, mein wunderschöner Kater mit meerfarbenen Augen und einer gewinnenden Persönlichkeit, war das zärtlichste und liebevollste Tier, dem ich je begegnet war. Damit hatte er an jenem Tag, an dem ich ihn als kleines Wollbällchen adoptierte, mein Herz gewonnen. Romeo hatte sich in meine Arme gekuschelt, behaglich geschnurrt und mich mit diesen riesigen blauen Augen vertrauensvoll angesehen. Wie hätte ich ihm je widerstehen können?

Während ich meinen Blick auf Grant und Romeo ruhen ließ, wurde mir schmerzhaft bewusst, dass – so sehr ich sie auch liebte – mein Herz nicht völlig offen dafür war, die Liebe für sie auch wirklich zu empfinden. Ich begriff, dass ich mich gegen emotionale Verletzungen schützte, indem ich mir nicht rückhaltlos erlaubte, die Liebe für sie zu fühlen. Natürlich konnte ich wahrheitsgetreu sagen: »Ich liebe die beiden sehr«, doch war es nicht so, dass ich dabei das Gefühl hatte, vor Liebe zu schmelzen.

»Du hast Angst vor der Liebe«, sagten mir die Engel in diesem Moment. Ihre Worte schienen die Zeit anzuhalten, mit Grant und Romeo bewegungslos wie in einem Standbild vor mir. In meinem Inneren protestierte ich gegen die Worte der Engel, weil ich mich durch ihre Wahrheit beschämt fühlte.

»Schäme dich nicht«, fuhren sie fort. *»Alle Menschen fürchten sich vor dem Schmerz, der mit Beziehungen einhergeht. Die Angst davor, geliebt zu werden und zu lieben, ist eine menschliche Krankheit.*

Diese Angst ist aber auch ein Ausdruck der Angst vor Gott und der Angst vor deinem wahren Selbst, da Gott und du die Liebe selbst sind. Wenn du dich dagegen schützt, dich geliebt zu fühlen oder zu lieben, schützt du dich buchstäblich vor dir selbst. Du löst dich von deinen wunderbaren spirituellen Gaben. Doch wir können dir helfen, dein Herz wieder für die Liebe zu öffnen, wenn du es uns gestattest.«

O ja, bitte helft mir! Ich möchte das Gefühl der Liebe tief in meinem Herzen spüren!, flehte ich die Engel in meinem Inneren an. Ich erkannte, wie abgestumpft meine Gefühle in allen meinen Beziehungen waren – in meiner Ehe, gegenüber meinen beiden Söhnen, meinen Eltern, meinen Freunden und selbst meiner Katze. Wie hatte ich zulassen können, dass es so weit kam?

Ich dachte zurück an all die Zeiten, als ich Schmerzen gelitten hatte, die mit »Liebe« verbunden waren. Doch das war nicht Liebe im wahren spirituellen Sinn des Wortes gewesen, sondern eine Art weltlicher Liebe, die wir in der Regel in unseren Beziehungen empfinden. All die Erfahrungen von Verrat und Enttäuschung hatten im Laufe der Jahre einen harten Panzer um mein Herz gebildet. Während dieser Panzer mich vor tiefem Schmerz schützte, »schützte« er mich aber ebenso auch vor tiefer Freude. Ich hatte mich selbst in ein Gefängnis lauwarmer Gefühle eingesperrt.

Das Herz reinigen

Nach dem Abendessen führten mich die Engel zu meinem Bücherregal, aus dem ich ein altes Buch* von John Randolph Price herausnahm, einem meiner Lieblingsautoren. Jahre zuvor hatte mir sein Buch über Wohlstand** geholfen, meine Unsicherheit in Bezug auf Geld und damit mein finanzielles Leben als Ganzes zu heilen. Und jetzt zeigten mir die Engel dieses Buch, das einen Schlüssel enthielt, um mein Herz und meine Gefühle zu öffnen – ein Prozess, der dort als »Inventur der Vergebung" bezeichnet wird.

Seit ich das Buch *Ein Kurs in Wundern* gelesen hatte, war mir klar, dass Vergebung der Schlüssel zum Glück ist. Ich hatte seither mein Bestes getan, um Vergebung zu praktizieren, sowohl mir selbst als auch anderen gegenüber, sobald in mir Gefühle von Ablehnung, Schuld

---

* *Living a Life of Joy.* Nicht auf Deutsch erschienen.
** *Abundance Book.* Nicht auf Deutsch erschienen.

oder Vorwurf hochkamen. Als Psychotherapeutin hatte ich meine Klienten ermutigt, alte Wut loszulassen, indem sie den Personen und Situationen in ihrer Vergangenheit vergaben. (Ich persönlich bevorzuge die Formulierung »Loslassen der Gifte, die mit vergangenen Erlebnissen und Personen verbunden sind« statt des moralisierend klingenden Wortes »Vergebung«.) Mir war klar geworden, dass wir uns oft der Vergebung widersetzen, da sie das Ego bedroht. »Ich werde nicht verzeihen, weil das, was mir passiert ist, unverzeihlich ist«, behauptet das Ego.

Die Anweisungen für die »Inventur« besagten, dass ich die Namen aller Personen, Situationen und sogar Tiere aufschreiben sollte, die mich jemals auf irgendeine Weise irritiert hatten. Ich war erstaunt, dass ich ohne Schwierigkeiten vier Seiten voll schrieb, einschließlich der Namen von Freunden aus Kindertagen, an die ich jahrelang nicht mehr gedacht hatte. Manchmal konnte ich mich nicht mehr an den Namen der Person erinnern, also beschränkte ich mich auf eine generelle Beschreibung der oder des Betreffenden. (Natürlich stand auch mein eigener Name auf der Liste.) Als Nächstes ging es darum, mir jeden Namen auf der Liste anzuschauen und innerlich das Gefühl auszudrücken: *Ich vergebe dir. Ich lasse dich los. Ich halte keine negativen Empfindungen zurück. Ich bin frei und du bist frei.*

Bei jeder Person oder Situation, die ich vollständig losließ, empfand ich ein körperliches Kribbeln. Bei einigen der besonders schwierigen Beziehungen fühlte ich bei der Übung so etwas wie einen starken Luftstoß, der aus meinem Herzen und meinem Kopf herausschoss, wie bei einem Kind, das bei einem Wutanfall die Luft anhält und sie dann auf einmal explosionsartig loslässt.

Ich fühlte, wie mich ein warmes Gefühl der Entspannung durchströmte, während ich jeder Person auf meiner Liste vergab, doch ich erkannte auch, dass es mir bei einigen der Betreffenden relativ schwer zu fallen schien, sie loszulassen. Zum Beispiel hatte ein Teil von mir noch immer Angst vor meinem geschiedenen Mann und ein anderer Teil hatte immer noch rachsüchtige Gefühle gegenüber einem Freund aus meinen Jugendtagen, der mich betrogen hatte.

Die Engel lehrten mich, dass es nicht so wichtig ist, die jeweilige Tat zu vergeben, sondern dass es darauf ankommt, die göttliche Unschuld in jedem Wesen zu sehen. Sie lehrten mich zu akzeptieren, dass jeder Mensch Fehler macht – manchmal sehr schmerzhafte –, dass es aber wichtig ist, dennoch das göttliche Licht in meinem eigenen Inneren und in der Seele jedes anderen Menschen zu sehen. Manchmal fiel es mir leicht, doch zuweilen war es nötig, dass ich mir vorstellte, die betreffende Person befinde sich in einem heliumgefüllten Ballon, der von mir wegschwebte, während ich ihm oder ihr verzieh.

Ich ging mit Elan an diese Inventur heran, motiviert von meinem Wunsch, die ganze Tiefe der göttlichen Liebe zu fühlen. Ich brauchte beinahe drei Stunden, um diese Übung abzuschließen, und als ich fertig war, fühlte ich mich erschöpft, aber erleichtert. Anschließend fühlte sich mein Herz an, als sei es frisch gereinigt worden und nun um einiges durchlässiger für Gefühle.

Meine Unterhaltungen mit den Engeln (und – unbewusst – mit den Feen) waren so lehrreich, dass ich voller Freude um weitere Anregungen bat und ungeduldig darauf wartete, sie zu empfangen. Also packte ich am nächsten Morgen wieder Notizbuch und Stift in meine Tasche und machte mich auf den Weg zum Strand. *Was werde ich heute wohl lernen?*, fragte ich mich, als ich die Bougainvilleen entlang der Selva Avenue begrüßte und mein Gesicht voller Wonne in ihren strahlenden, purpurfarbenen Blüten vergrub.

Beschwingt sprang ich die Treppe hinunter, die zum Strand führte. Auf halbem Weg hielt ich inne, um die tropisch anmutende Bucht mit ihren herrlichen Palmen und das klare, türkisfarbene Wasser zu bewundern. Nicht nur der Blick war atemberaubend, sondern auch der Duft der wilden Tuberosen und der salzigen Meeresluft. *Vielen Dank, ihr Engel, dass ihr mich aus dem Haus gelockt habt, damit ich die reiche Schönheit von Mutter Erde entdecken kann,* erklärte ich innerlich, mein Herz erfüllt von Dankbarkeit.

»Geh nach links«, wiesen mich die Engel durch eine innere Stimme und Gefühle an, die wie eine Wünschelrute wirkten. Gehorsam ging ich am Strand entlang zu einem großen Felsblock. *»Setz dich dort hin«*, forderten die Engel mich auf und wiesen auf einen Granitblock hin. Ich stellte fest, dass er eine glatte Oberfläche hatte, mit einer Einbuchtung, die groß genug war, dass man bequem darauf sitzen konnte, wie auf einem steinernen Sattel.

Ich machte es mir auf dem Granitblock bequem und schloss die Augen, um zu meditieren. *Was möchtet ihr mich wissen lassen?*, fragte ich die Engel in meinem Inneren.

»Wir möchten, dass du fühlst. Atme tief und fühle einfach.« Ich nahm einige tiefe Atemzüge, während mein Geist sich aufgeregt fragte, was die Engel mir wohl sagen würden.

»Fühle einfach nur«, forderten sie mich erneut auf. *»Versuch nicht zu erraten oder zu kontrollieren, was du fühlen wirst, denn das würde bedeuten, dass du deinen Verstand benutzt. Fühle einfach nur.«*

Die Engel wollten offensichtlich nicht, dass ich die Erfahrung durch irgendwelche Erwartungen vorwegnahm. Erwartungen würden mich aus dem gegenwärtigen Augenblick entfernen und dazu führen, dass ich mich auf die Zukunft konzentrierte. *Fühle einfach,* wies ich meinen Geist an und atmete tief ein und aus. *Fühle einfach.* Ich konzentrierte mich auf das Geräusch meines Atems und das Gefühl der Luft, während ich sie in verschiedenen Abschnitten und Intervallen anhielt. Ich spürte, wie mein Herzschlag sich verlangsamte. Es dauerte nicht lange und mein Kopf neigte sich mit einem Gefühl von Schwere und Entspannung leicht vornüber.

Rücken, Po, Beine und Hände ruhten bequem auf dem warmen Fels. Seine glatte Oberfläche schien mich sanft zu berühren und zu stützen. Ich konzentrierte mich auf Atmen, Fühlen, Atmen, Fühlen, Atmen, Fühlen – bis ich synchron mit dem Rhythmus der Wellen atmete, die sich in regelmäßigen Abständen am Strand brachen. Jedes Ausatmen stimmte mit dem Dröhnen der

Brandung überein, die auf den Sand schlug, und jedes Einatmen folgte dem Geräusch der Wellen, die sich ins Meer zurückzogen.

Auch der Granitblock, auf dem ich saß, schien in Harmonie mit mir und der Brandung zu atmen. Ich empfand den Stein als eine lebendige, atmende Wesenheit. Die Sandkörner schienen in Harmonie mit dem Chor der Möwen zu singen. Die Palmen rauschten wie leise Rasseln in einem Orchester, während mein Herz sanft den Rhythmus vorgab.

Ohne mich aus dem Hier und Jetzt zu entfernen, erkannte ich voll Freude und Erstaunen: *O mein Gott! Alles ist lebendig!* Mir wurde bewusst, dass selbst das kleinste Stück Materie seine eigene Lebenskraft besitzt, einen Teil der lebensspendenden Energie des Schöpfers. Ich fühlte mich eins mit der Brandung, dem Sand, der Sonne, den Möwen und dem Felsen, auf dem ich saß.

Wenn ich mich auf die Lebenskraft des Felsens konzentrierte, spürte ich, dass die Erde eine noch größere Reflexion dieses lebendigen Wesens repräsentiert. Sie atmet, sie hat Gefühle, sie wächst und sie ist in ständiger Entwicklung. Ich wusste, dass ich (gemeinsam mit allen anderen Seelen) Teil dieser lebendigen Erde bin.

»Ja«, flüsterten die Engel mir zu, *»es ist wahr, dass alles lebendig ist. Dieser Stein besteht aus Granit und Quarzkristallen und er ist das, was du ein ›Elementarwesen‹ nennst. Es ist verwandt mit den Feen und den anderen Elementarwesen, die du bald als deine Freunde bezeichnen wirst.«*

»Steine und Kristalle wirken als Absorbierer und Verstärker«, fuhren sie fort und erklärten, dass Granit die Weis-

heit des universalen Geistes oder des kollektiven Unbewussten absorbiert. Er stellt eine Art Bücherei dar, angefüllt mit spiritueller Weisheit und wichtigen Botschaften. Steine und Kristalle vergrößern zudem die Stärke und Klarheit jeder spirituellen Einsicht, die mir zuteil wird, während ich mich in ihrer Nähe aufhalte, und verstärken außerdem meine Gebete und meine Kommunikation mit den himmlischen Mächten.

Wann immer ich also Hilfe benötige, um Gott zu hören, die Engel, die Feen oder sonstige Wesen der geistigen Welt, kann ich mich auf einen Stein oder Felsen setzen und mich dadurch innerlich an ein spirituelles Megaphon anschließen. Mit der Hilfe von Steinen, Kristallen und anderen Mitgliedern des Mineralreiches kann ich lauter und klarer hören und gehört werden.

KAPITEL 3

Kontakt mit den Feen

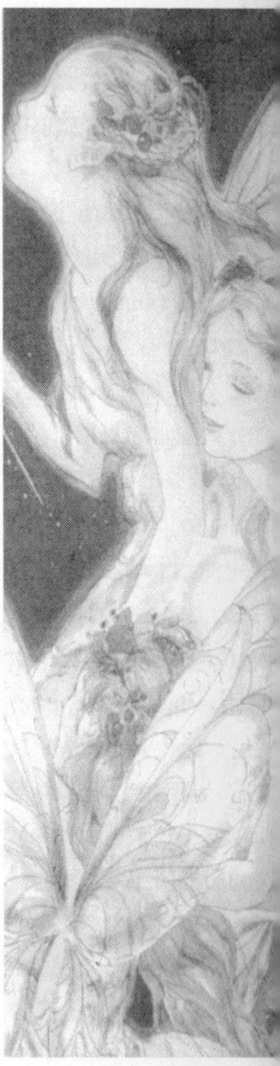

Als ich den Strand verließ, stieg ich langsam die Treppe hinauf. Die Engel hatten mir gezeigt, wie wertvoll es ist, einen Moment innezuhalten und die Umgebung bewusst wahrzunehmen. Tief atmete ich den berauschenden Duft der wilden Tuberosen ein. Ihr süßes Aroma erinnerte mich an exotischen Honig.

Ich hatte begonnen, mit meinen inneren Augen Feen zu sehen, die die Blumen umschwirrten, und fragte mich, ob ich sie vielleicht auch hören könnte. Bis zu diesem Moment erschien es mir, als wären alle meine Informationen über Feen ausschließlich von den Engeln gekommen.

Ich ging einen verlassenen Strandweg entlang, passierte den Park und kam schließlich zum Selva Drive. Die Büsche winkten mir im Wind zu und innerlich sprach ich sie an: *Hallo! Wenn jemand da drin mich hören kann, sprich bitte zu mir!* Ich wusste, dass Feen scheue Wesen sind und dass sie vor jedem davonlaufen, der eine unfreundliche Energie besitzt oder manipulative Absichten hegt, daher achtete ich aufmerksam auf meine Herzensenergie und sorgte dafür, dass ich mit einem liebevollen Gefühl zu ihnen sprach.

Hallo, Feen, Kobolde oder wer auch immer aus dem Reich der Elementarwesen hier sein mag!, rief ich innerlich. Ich wusste, dass himmlische Wesen unsere Gedanken hören können, also brauchte ich zum Kommunizieren nicht meine Stimme zu benutzen. Schließlich hatte ich noch nie Schwierigkeiten gehabt, auf diese Art Kontakt mit Gott, den Engeln, verstorbenen Personen, Tieren oder aufgestiegenen Meistern herzustellen.

Aus irgendeinem Grund jedoch bezweifelte ich, dass die Feen mich tatsächlich hören konnten – oder dass ich in der Lage wäre, sie zu hören. Vielleicht lag es daran, dass ich glaubte, die Feen empfänden nur bedingte Liebe für uns Menschen, während die Engel und andere spirituelle Wesenheiten uns bedingungslos lieben. Was immer der Grund war, ich zweifelte zum ersten Mal daran, ob ich erfolgreich eine spirituelle Verbindung herstellen könnte. *Das hilft mir, meine Seminarteilnehmer besser zu verstehen, die Zweifel an ihren telepathischen Fähigkeiten haben,* dachte ich. Also ist es ein Segen, dass ich Zweifel habe.

Doch mittlerweile konnte ich die Feen deutlich erkenne. Ich sah sie zum Teil mit meinen inneren und zum Teil mit meinen physischen Augen (ähnlich wie ich andere himmlische Wesen sehe). Ich konnte Feen über Blüten und Pflanzen huschen sehen und Feen, die als Wassergeister über der Brandung und dem Watt tanzten.

Die Feen waren ungefähr drei Zentimeter groß – sehr zierliche weibliche Wesen in kurzen weißen Kleidchen. Ich konnte kaum individuelle Züge erkennen, wenn ich eine Fee mit der anderen verglich; die meisten waren von einheitlicher Erscheinung, obgleich ich gelegentlich auch Feen erblickte, die anstelle eines weißen Glühens ein rosafarbenes oder hellgrünes Licht ausstrahlten.

Sie wirkten wie Glühwürmchen im Flug – in einem Moment hier, im nächsten dort, dann wieder hier – oder wie Bienen, die von Blüte zu Blüte schwirren. Manchmal erschienen sie mir auch wie Krankenschwestern in Miniaturausgabe, die ihre Runde durch die Krankenzimmer machen, um nach den Patienten zu schauen. Ihre Bewegungen waren so schnell, dass ich das rasche Flattern ihrer Flügel nicht ausmachen konnte, wie bei Kolibris im Flug.

Ihre winzige Erscheinung unterschied sie deutlich von den Engeln, deren Größe von dreißig Zentimetern bis zu drei Metern reicht. Außerdem haben die Flügel der Engel Federn und gleichen denen von Vögeln, während die Flügel der Feen an Schmetterlinge oder Libellen erinnern.

Interessanterweise gebrauchen die Engel ihre Flügel niemals zur Fortbewegung. Die Engel erklärten mir, dass sie nur den Anschein erwecken, Flügel zu haben, damit wir sie besser erkennen können. Offensichtlich hielten die Maler der Renaissance das Glühen ihrer Aura irrtümlich für Flügel, also malten sie sie auf diese Weise. Und seitdem haben die Engel ihre Form entsprechend verändert, um unseren Erwartungen gerecht zu werden. Engel bewegen sich nicht durch physischen Flug, sondern durch mentale Manifestation. Mit anderen Worten, sie stellen sich vor, wo sie sein möchten, und sind im gleichen Augenblick auch schon dort.

Im Gegensatz dazu benutzen Feen ihre Flügel, um sich durch die Luft zu bewegen. Obwohl sie so viel kleiner sind als Engel, haben Feen dichtere Körper – ähnlich dem Unterschied zwischen dem Gewicht einer großen Wolke gegenüber einer kleinen Kugel aus Holz. Und obwohl Feen brillant im Manifestieren sind, sind sie dennoch auf Flügel angewiesen, um sich von einem Ort zum anderen zu begeben.

»Wassergeister« oder Wasserfeen haben keine Flügel. Diese Wesen, die Beschützer aller Arten von Gewässern, sind ungefähr neun Zentimeter groß und haben einen Durchmesser von etwa eineinhalb Zentimetern. Sie sind relativ formlos und erscheinen oft als nackte, schimmernde Lichtkörper. So wie die Feen die Schutzengel der Landtiere sind, sind die Wassergeister die Schutzengel der Wasser- und Meeresvögel.

Feen als Schutzengel und geistige Führer

Häufig sehe ich in der Aura von Menschen Feen, die sich dort als Schutzengel aufhalten. Meistens haben die entsprechenden Personen einen keltischen Hintergrund. Daher fragte ich mich, ob Waliser, Schotten oder Iren (meine eigene Abstammung) Feen anziehen, die mit ihren Schutzengeln zusammenarbeiten?

Während meiner spirituellen Beratungssitzungen erkannte ich bei meinen Klienten bald ein wiederkehrendes Muster: Die Lebensaufgabe von Personen, deren Schutzgeister Feen waren, hatte in der Regel mit der Heilung von Pflanzen, Tieren oder der Umwelt zu tun. Solche Menschen konnten es nicht ertragen, in Häusern zu arbeiten, vor allen Dingen nicht in engen, stickigen Büros. Ihre Seele hatte ein Verlangen danach, sich im Freien aufzuhalten, oder zumindest brauchten sie einen Beruf, der sich mit einem Umweltthema beschäftigte. Sie leisteten wunderbare Arbeit als Gärtner, Förster, Tierpfleger, Tierärzte, Naturforscher oder Meeresbiologen.

Mehr über die Feen lernen

Obwohl ich die Feen inzwischen sehen konnte, war ich verunsichert und hatte meine Zweifel, wenn es darum ging, sie zu hören und mit ihnen zu sprechen. Wenn ich versuchte, mit ihnen zu kommunizieren, hatte ich das Gefühl, als würde ich in einen dunklen Tunnel hineinbrüllen, und ich fragte mich, ob sie mich tatsächlich hören konnten. Vielleicht war es mir nur vergönnt, die Feen zu sehen, nicht aber, sie zu hören!

Jeden Nachmittag und Abend, während ich an meinem Computer saß, betete ich um Schutz und Unterstützung, und dann fühlte ich, wie ich in einen Zustand der Trance glitt. Ich verlor das Gefühl für meine Umgebung und war mir nur vage meiner Hände bewusst, die den Text für *Angel Therapy* tippten. Ich wusste tatsächlich nicht, was ich da schrieb, und ich las das Material nie durch, wenn das Tippen aufhörte. Aus Angst, dass ich mit Seiten voll unverständlichem Geplapper konfrontiert würde, sagte ich mir selbst, dass ich das Buch erst dann lesen würde, wenn es vollständig fertig war.

Die erste Hälfte des Buches bestand aus kurzen Kapiteln, in denen mir die Engel Texte zu unterschiedlichen Themen wie beispielsweise »Depression«, »Wut« oder »Liebesbeziehungen« übermittelten. Die Engel diktierten die Kapitel, doch wurden sie mir nicht in einer bestimmten Ordnung gegeben – weder alphabetisch noch nach einem anderen ordnenden Prinzip. Der letzte Abschnitt, den sie diktierten, hatte den Titel »Kindesmisshandlung«. Dann wiesen mich die Engel darauf hin, dass ich nun mit ihrer Hilfe die zweite Hälfte des Buches schreiben würde, die als Anleitung für die Arbeit mit den Engeln dienen sollte.

Ich war jedoch noch immer nicht bereit, die bisherigen Kapitel zu lesen, daher begann ich sofort mit der Arbeit am zweiten Teil des Buches. Die letzten Kapitel wurden mir als praktische Anleitungen diktiert und hatten damit zu tun, wie wir persönlichen Kontakt mit den Engeln aufnehmen können. Ich war mir dieser Informationen bewusst, während sie zu mir kamen, da ihre Schwingung weniger hoch war und mir erlaubte, sie wacher wahrzunehmen. Ein Kapitel, das die Engel mir übermittelten, handelte von den Naturengeln oder Feen.

Wie ich bereits im Vorwort erwähnt habe, erfuhr ich hier, dass es gut ist, die Feen zu warnen, bevor man auf dem Gras läuft, Blumen pflückt oder den Rasen mäht. Sie sagten, dass das eine Höflichkeit gegenüber den Feen sei, damit sie nicht verschreckt oder verletzt werden. Obgleich sie geistige Körper haben, können materielle Objekte dennoch ihre Körper beeinträchtigen. Es ist wichtig, die Feen zu warnen, wenn wir sie mit Liebe und Respekt behandeln wollen, und wir können ihnen die Warnungen mental oder laut übermitteln. Nun, das leuchtete mir absolut ein. Ich hatte bereits festgestellt, wie wichtig es ist, die Feen vor dem Rasenmähen zu warnen, doch es war mir nie in den Sinn gekommen, dass auch unsere Füße ihnen Schaden zufügen könnten. Also begann ich, diesen Rat in die Tat umzusetzen. Während der nächsten Tage versuchte ich zu vermeiden, auf meinem Weg zum Strand den Rasen des Parks zu betreten, und ging stattdessen auf dem Bürgersteig.

Als ich nach Hause zurückkam, stand die Garagentür offen und Michael, mein Mann, schob den Rasenmäher auf dem Weg zum Garten vor sich her. Obwohl ich wusste, dass er mich für verrückt halten würde, bestand ich hartnäckig darauf, dass ich die Feen warnen musste, bevor er mit dem Mähen begann. Er sagte nur »Okay«, wie jemand, der seit langem die Sinnlosigkeit erkannt hatte, mit mir über diese Dinge zu diskutieren.

Ich ging also in den Garten hinter unserem Haus und rief den Feen innerlich zu: *In ein paar Minuten wird mein Mann mit einem scharfen, lauten Rasenmäher hier auftauchen. Bitte macht euch davon, damit ihr nicht verletzt werdet oder erschreckt.* Im nächsten Moment war der Rasen unheimlich still, so als ob alles Leben davongestoben sei.

Ich rief nach Michael, um ihm zu sagen, dass die Luft rein sei. Auch wenn ich sehen konnte, dass er mir nicht glaubte, stritt er wenigstens nicht mit mir. Er mähte den Rasen, während ich mich in meinem Arbeitszimmer zu schaffen machte.

Am nächsten Tag wartete ich bis zum Nachmittag, um meinen Spaziergang zu machen. Ich hing mir meine Tasche um, zusammen mit dem kleinen Notizbuch und einem Stift, um die Weisheit der Engel notieren zu können. »*Nimm zwei Plastikbeutel mit*«, hörte ich eine deutliche Stimme in meinem Inneren, also steckte ich noch zwei Plastiktüten in die Tasche.

Pflanzengeister

Während ich an den Gebüschen in der Nähe des Strandes vorbeiging, konnte ich grüne, blätterbedeckte, freundliche Gesichter sehen, die mich anstarrten. Intuitiv wusste ich, dass es sich dabei um »Pflanzengeister« oder »Strauchwesen« handelte, Verwandte der Feen und Teil des Elementarreiches. Innerlich grüßte ich die Naturgeister. Mit meinen inneren Ohren konnte ich ihre eindeutig männlichen Stimmen hören, die erwiderten: »*Wie geht es dir heute?*« Ich blieb stehen. Bildete ich mir diese Worte nur ein? Waren sie ein Produkt meines Wunschdenkens?

»*Wie geht es dir heute?*«, fragten die Stimmen noch einmal einstimmig. Offensichtlich erwarteten sie eine Antwort. Innerlich erwiderte ich: *Danke, es geht mir gut*.

»*Fein, denn gestern hast du ausgesehen, als seist du ziemlich in Eile.*« Ich war verblüfft über die beiläufige Art unserer Konversation. Im Gegensatz zu der ätherischen

Energie und dem spirituellen Inhalt meiner Interaktionen mit den Engeln fühlte sich dies hier an wie ein Plausch mit dem Nachbarn. Auch schien es mir auf eigenartige Weise vertraut, so als hätte ich schon früher mit diesen Naturgeistern gesprochen.

»Sag, wärst du bitte so lieb und hebst das da auf?« Mein Blick fiel auf einige leere Dosen und Verpackungen, die auf dem Boden herumlagen. Einen Moment lang zögerte ich und dachte, dass dieser Abfall unangenehm klebrig aussah mit seinem angetrockneten Ketchup und der sirupartigen Cola. Dann überwand ich meinen Widerwillen und holte die Plastikbeutel aus der Tasche. Als ich den Abfall darin verstaute, fragte ich mich, ob es wohl die Naturgeister gewesen waren, die mich aufgefordert hatten, die Plastiktüten mitzunehmen.

Während ich meinen Spaziergang fortsetzte, verspürte ich den starken Drang, mehr von dem Abfall aufzusammeln, der überall herumlag. *»Es tut uns Leid, aber wir können es nicht selber machen«*, hörte ich die Naturgeister sagen. *»Wir brauchen euch Menschen, damit ihr uns helft, für Mutter Erde zu sorgen, indem ihr diese Abfälle aufsammelt.«* Mir wurde außerdem gesagt, ich solle den Abfall auf meinem Weg nicht nur aufsammeln, sondern auch dafür sorgen, dass Papier, Aluminium und Glas wieder verwertet werden! Glücklicherweise hat Dana Point ein umfangreiches Recyclingprogramm. Jedes Haus hat zwei Abfalltonnen, eine für Recyclingmaterial und eine für Abfall, der nicht wieder verwertet werden kann.

Am nächsten Tag nahm ich einen noch größeren Plastikbeutel auf meinen Spaziergang mit. Während ich den

Strand entlangschlenderte, steckte ich alle weggeworfenen Verpackungsreste, Getränkedosen und sonstigen Müll in meine Tüte. *Was denken sich diese Leute bloß, ihren ganzen Abfall einfach auf dem Strand liegen zu lassen?*, überlegte ich irritiert, während ich jedes bisschen Müll einsammelte. *Wissen sie nicht, dass dieser Unrat Möwen töten könnte, wenn sie ihn schlucken?*

Ärgerlich über die Rücksichtslosigkeit dieser Schmutzfinken, spürte ich, wie ich mit jedem Schritt angespannter wurde. Mir war nie aufgefallen, wie viel Unrat im Sand herumlag, bis die Naturgeister um meine Hilfe bei der Beseitigung des Abfalls gebeten hatten.

»Sich über die Leute zu ärgern, trägt nicht dazu bei, die Situation zu heilen«, hörte ich, als ich stehen blieb, um eine weitere leere Kartoffelchipstüte aufzuheben. *»Die Menschen, die gedankenlos mit ihrem Abfall umgegangen sind, brauchen von dir liebevolle Energie, damit sie spirituell wachsen können. Das wird ihre Sensibilität gegenüber der Umwelt vergrößern und dazu führen, dass sie die Auswirkungen ihrer Handlungen auf andere Lebewesen erkennen können.«*

Natürlich! Ich sollte den Dreckspatzen Liebe schicken, nicht nur für ihr eigenes Wachstum, sondern auch, damit ich selbst nicht in Ablehnung versinken würde. Plötzlich fühlte ich Mitleid für denjenigen, der die Kartoffelchipstüte in meiner Hand weggeworfen hatte. Bei einer derart gedankenlosen Handlung konnte sich der Betreffende kaum der tiefen inneren Verbindung und Einheit des Lebens auf unserem Planeten bewusst gewesen sein.

»Hoppla – sie zu verurteilen ist nur eine andere Form des Angriffs!«, hörte ich die Stimme erneut. Zunächst war ich mir nicht sicher, wer da zu mir sprach – es hörte sich weise an, wie die Engel, jedoch hatte ich nie zuvor einen Engel »Hoppla« sagen hören. Daher nahm ich an, dass ich die Elementarwesen gehört haben musste!

Innerlich fragte ich: *Seid ihr die Naturgeister oder die Feen?*

Ich spürte eine starke Präsenz oberhalb meiner rechten Schulter und wusste, dass dies die Richtung war, aus der die Stimme kam. *»Ja, es ist wahr. Einige deiner Schutzengel sind Feen. Bitte hab keine Angst. Wir sind Wesen der göttlichen Essenz und des Lichts. Wenn du dich einen Augenblick hinsetzt, werden wir es dir zeigen.«*

Heilung durch die Feen

Mein Atem verlangsamte sich, als ich mich gehorsam in den Sand setzte.

»Wir möchten dir gerne unsere Heilfähigkeiten zeigen. Vielleicht möchtest du dich hinlegen, um sie zu selbst zu erfahren«, sagten sie mir durch eine wortlose innere Stimme, die mehr wie eine Gedankenübertragung war als die deutlich wahrnehmbare Stimme, die ich von den Engeln immer vernommen hatte.

Ich zog mein Sweatshirt aus und legte es auf den Sand, um meinen Kopf darauf zu betten. Ich streckte mich auf dem Rücken aus und betrachtete die zarten Wolken am Himmel. Plötzlich fühlte ich mich wie auf dem Sand festgeklebt und hatte ein inneres Bild von

Gulliver, wie er von den Liliputanern mit Seilen festgebunden wird.

»Hab keine Angst«, wiederholten sie. *»Wir arbeiten an deinem Energiefeld, an dem, was du die ›Aura‹ nennst.«* Die Feen erklärten, dass sie die negative Energie entfernen würden, die an meinem Körper haftete. Ich hatte das Gefühl, dass mich die Feen reinigten, als seien sie Fische, die Algen von Meerespflanzen absaugen. Das Ganze dauerte nur ein paar Minuten, anschließend konnte ich meine Arme und Beine wieder bewegen.

Als ich mich erhob, teilte sich eine Wolke und enthüllte blauen Himmel und Sonnenschein. Mein Körper reflektierte diesen Anblick und fühlte sich jung und erfrischt. Es war ein ähnliches Gefühl wie nach einer chiropraktischen Behandlung oder einer Massage: Ich konnte mich anschließend freier bewegen, obwohl ich gar nicht gemerkt hatte, wie verspannt ich vorher gewesen war.

Ich erkannte, dass die Feen an uns arbeiten, wann immer wir uns in die freie Natur begeben oder uns in der Nähe von Tieren und Pflanzen aufhalten. Das war also der Grund, warum ich mich nach meinen Strandspaziergängen immer so erfrischt gefühlt hatte. Es war nicht nur die gesteigerte Vitalität durch die körperliche Betätigung und die Meeresluft – es waren die Feen, die die Atmosphäre um mich herum reinigten und für frische Luft in meiner Aura sorgten!

KAPITEL 4

Zeichen von den Feen

In jener Nacht regnete es stark. Als ich nach unten ging, um sicherzustellen, dass die Wohnzimmerfenster geschlossen waren, erschrak ich angesichts der weit offen stehenden Schiebetür in den Garten. Michael war kurz zuvor durch die Tür ins Haus gekommen und hatte offensichtlich vergessen, sie zu schließen.

»Romeo!«, rief ich verzweifelt. Mein Kater war schließlich eine reine Hauskatze. Da wir in der Nähe des viel befahrenen Golden Lantern Boulevard wohnten, ließen wir ihn nie hinaus, damit er nicht Opfer des dichten Verkehrs, der oft in der Gegend auftauchenden Kojoten oder der Hunde aus der Nachbarschaft wurde. Romeo schien keine Angst vor Autos oder Tieren zu haben, und falls er tatsächlich da draußen war, konnte er aufgrund seiner Naivität leicht in Gefahr geraten.

»Michael, ist Romeo bei dir?«, rief ich nach oben.

»Ich schau mal nach«, antwortete er besorgt. Ein paar Sekunden später rief er zu mir herunter: »Ich kann ihn hier oben nirgendwo finden.«

Ich nahm eine Taschenlampe und ging hinaus in die stürmische Nacht. »Romeo“, rief ich immer wieder. »Romeo, wo bist du?« Alles sah schwarz und nass aus – der Rasen, die Büsche, der Bürgersteig. Romeo war wahrscheinlich nass geworden und hatte sich irgendwo ängstlich versteckt. Wie konnte ich ihn bloß finden?

»Bete«, kam mir der Gedanke in den Sinn. Natürlich! Genauso, wie ich mit den Engeln über alle Menschen reden konnte, mit denen ich Schwierigkeiten hatte, konnte ich auch zu den Schutzengeln meines Katers sprechen! Ich beschloss, mich an Romeos Engel zu wenden, die – wie ich wusste – Feen waren, wie bei allen Tieren und Vögeln.

Innerlich wandte ich mich an diese Feen. *Bitte helft mir. Bitte sagt Romeo, er soll nach Hause kommen, er soll zu mir kommen, wenn ich ihn rufe. Bitte führt mich zu ihm.*

Um sicherzugehen, bat ich zusätzlich die Erzengel Michael und Raphael um ihre Hilfe. Der Erstere sorgt dafür, dass wir uns in Zeiten der Angst mutig fühlen, und der Letztere hilft uns, unseren Körper zu heilen. *Es kann nicht schaden, die Autoritäten einzuschalten,* dachte ich. Ich richtete meine Bitte um Hilfe an jedes Wesen, das mir einfiel, so besorgt war ich, meinen Kater zu finden.

Einige Augenblicke später sah ich im Licht meiner Taschenlampe zwei runde, leuchtende Objekte und ich wusste, dass ich in Romeos große Augen schaute. Da war er also, auf dem Bürgersteig vor mir, und sah aus, als sei er gerade aus dem dichten Gestrüpp neben unserer Garageneinfahrt gekommen. Er duckte sich und gestattete mir, ihn hochzunehmen.

Waren es nun die Erzengel, die Heiligen oder die Feen, die mir geholfen hatten, meinen Kater zu finden? Ich glaube, dass sie im Team gearbeitet und die kleinen und großen Details unter sich aufgeteilt haben, die nötig waren, um Romeo und mich zu führen, damit wir uns im perfekten Augenblick treffen konnten.

Die Schönheit der Natur

Ich war dankbar für die Hilfe und Freundschaft der Feen. Jeden Tag hatte ich mit ihnen Kontakt, vor allem wenn ich an wild wachsenden Sträuchern und Wildblumen vorbeiging. »*Wir ziehen eine natürliche Umgebung vor*«, sagten sie mir, »*und halten uns eher in einer wildwüchsigen Gegend auf als in einem künstlich angelegten Garten.*«

Ihre Worte erinnerten mich an die herrlichen, überwucherten Gärten, die ich Jahre zuvor im Süden Englands gesehen hatte. Dort quellen die Gärten über von herrlichen Blütenstauden und Rankgewächsen und in den Vorgärten gibt es weder Unkraut noch vertrocknete Blätter. Diese Gärten wirken wie eine schöne junge Frau mit perfektem Teint, wenig Make-up und einer unkomplizierten Frisur. Wie die Feen, so zog auch ich den wilden Look dem streng kontrollierten, typisch amerikanischen Garten vor.

Zwei Tage nach Romeos Verschwinden kehrte die Sonne nach Orange County zurück. Es regnet schließlich nie lange in Südkalifornien. Die ganze Gegend wirkte wie frisch gewaschen, als ich die glitzernden Blätter der Bougainvilleen bewunderte. Gott sei Dank hatte der schwere Regen die Blüten nicht von den Büschen gefegt. Als sie sich jetzt wieder der Sonne entgegenreckten, schien ihr leuchtendes Purpur noch strahlender zu leuchten als vorher.

Als ich von meinem Spaziergang zurückkam, ging ich in den Garten hinter unserem Haus. *Oh, da sage ich lieber Michael Bescheid*, dachte ich, als ich eine große Gruppe Pilze bemerkte, die plötzlich voll ausgewachsen neben der Steinmauer aufgetaucht waren. Michael, der Gartenhüter, würde ohne Zweifel wissen, was in so einem Fall zu tun war.

»Ich habe mich darum gekümmert«, sagte er mir später. Michael erklärte, dass er die Pilze abgeschnitten habe. »Ich kann mir gar nicht vorstellen, wie diese Pilze so schnell so groß geworden sind«, meinte er. »Als ich vor drei Tagen den Rasen mähte, waren sie noch nicht da.«

Am nächsten Morgen ließ ich mir Zeit mit dem Aufstehen. Ich lag eine Weile im Bett und schaute durch die Glasschiebetür in unseren Garten. Vor Überraschung hielt ich einen Augenblick die Luft an, als ich Dutzende von taubedeckten Blumen erblickte, die überall erblüht waren – orangefarbene Lilien, purpurne Zierlauchblüten, sonnengelbe Ringelblumen und die gleichen wilden Tuberosen, die ich auf meinen Spaziergängen zum Strand immer bewundert hatte. *Wie war es möglich, dass sie so schnell aufgeblüht waren?*, wunderte ich mich.

Ich streifte meinen Morgenmantel über, schlüpfte in meine Hausschuhe und öffnete die Schiebetür, um einen besseren Eindruck zu bekommen. Und da erblickte ich etliche Feenfamilien, die sich um die Rosen kümmerten, indem sie aus eimerähnlichen Behältern etwas auf den Pflanzen verteilten, was offensichtlich für ein schnelles Wachstum sorgte. Mir fiel jedoch auf, dass es sich nicht um eine so große Anzahl von Feenwesen handelte, wie in der Nähe der wilden Pflanzen, die auf dem Weg zum Strand unterwegs waren.

Das Laubwerk war dicht, außer einem offenen Bereich zwischen dem Garten und der Veranda. Ich entschied, dass dies ein wunderbarer Ort für ein Engelstandbild wäre. Ich besaß allerdings nur ein paar wenige Engelstatuen und keine eignete sich für draußen. Zwar war da noch das schöne Vogelbad aus Stein, das ich als Weihnachtsgeschenk bekommen hatte. Eine dreißig Zentimeter hohe Putte saß auf einer großen Alabastermuschel, die mit Wasser für die Vögel gefüllt werden konnte, die dann entzückt darin planschten und sich badeten. Doch auch das entsprach nicht der Statue, die ich mir für diese kleine Lichtung im Garten vorstellte.

Füttere die Vögel, dachte ich. Doch kam dieser Gedanke wirklich von mir oder hatte ihn mir jemand ins Ohr geflüstert? *Füttere die Vögel*, hörte ich noch einmal. Da diese Anweisung wunderbar zu meinen natürlichen Neigungen passte, stellte ich sie nicht weiter infrage.

Also kaufte ich noch am gleichen Nachmittag einen Eimer bestes Vogelfutter.

So wie es meine Tendenz ist, übertrieb ich es ein wenig mit dem Vogelfutter. Wollte ich verlorene Zeit wettmachen, indem ich enthusiastisch meiner inneren Führung folgte, oder gab ich mich einfach nur einer angenehmen Beschäftigung hin? Wie auch immer, ich füllte zwei große Schalen mit Vogelfutter und stellte sie in der Nähe der Lichtung auf die Veranda. Dann, um auch ganz sicherzugehen, streute ich noch eine sechs Zentimeter breite Linie aus Samen auf die Steinmauer und setzte mich in einiger Entfernung hin, um auf meine Besucher zu warten.

Wie bei jedem Ziel, das man allzu dringend erreichen möchte, dauerte es eine Weile, bis mein Wunsch in Erfüllung ging. Erst am frühen Nachmittag, als ich durch meine Arbeit abgelenkt war, bemerkte ich drei Spatzen, die auf der Mauer hockten und emsig an den Samen pickten. Obwohl es sich bei ihnen nur um ganz gewöhnliche Spatzen handelte, war ich von ihrer natürlichen Schönheit und ihren anmutigen Bewegungen vollkommen fasziniert.

Am nächsten Morgen erwachte ich mit einem Gurren im Ohr. Mich an meine neuen Vogelfreunde erinnernd, sprang ich aus dem Bett und erschreckte beinahe die drei wilden Tauben, die in den Schalen auf der Veranda pickten. »Schau, schau!« Aufgeregt lief ich in Grants Schlafzimmer und zeigte mit dem Finger auf die Tauben, die vor seinem Fenster zu sehen waren.

»Oh wow«, meinte mein Sohn, durchaus anerkennend, doch ohne die beinahe ekstatische Leidenschaft, die ich zur Schau stellte. Ich war nahezu hypnotisiert von dem engelsgleichen Gurren der Tauben, und zwei Stunden vergingen wie im Flug, während ich sie beobachtete.

Als ich von meinem Nachmittagsspaziergang am Strand nach Hause zurückkam, bemerkte ich ein kleines Paket auf der Veranda. An der Absenderadresse erkannte ich, dass meine Mutter mir ein etwas verfrühtes Geburtstagsgeschenk geschickt hatte. *Ob ich mit dem Öffnen warten sollte?*, fragte ich mich. Etwas in meinem Inneren sagte mir, ich sollte meinem Wunsch nachgeben und das Geschenk sofort auspacken.

Als ich das Paket öffnete und den sorgfältig eingewickelten Inhalt herausnahm, war ich neugierig, was meine Mutter mir wohl gekauft hatte. Da ich so sehr mit meinen neuen Feenfreunden sowie mit der Fertigstellung meines Buches beschäftigt gewesen war, hatte ich seit mindestens drei Wochen nicht mehr mit meiner Mutter gesprochen. Sie wusste noch nichts von meinen momentanen Abenteuern und Interessen und ich nahm mir vor, sie am Abend anzurufen und ihr für das Geschenk zu danken.

Als ich das Papier entfernte, fiel mein Blick auf Terrakotta. Es war eine Statue! Woher wusste sie das? Ich nahm an, dass es sich um einen Engel handelte, den ich in der Lichtung aufstellen konnte, und jauchzte beinahe auf vor Freude und Überraschung, als ich die wunderschöne Gartenstatue einer Fee auswickelte! Jetzt staunte ich noch mehr, wie meine Mutter so hellsichtig sein konnte. Wir hatten noch nie über meine relativ neue Begeisterung für Feen gesprochen und auch sie hatte noch nie ein Interesse an ihnen erwähnt.

Doch meine Mutter war schließlich einer der spirituellsten Menschen, die ich kenne, und seit jeher das Zentrum vieler Wunder und mystischen Erfahrungen in meinem Leben gewesen. Warum sollte ich also die Tatsache infrage stellen, dass ihr Geschenk meine gegenwärtigen Interessen widerspiegelte? Als ich die Fee vorsichtig auf die Lichtung stellte, durchflutete mich ein warmes Gefühl bei dem Gedanken, wie schnell sich meine Vision von der Statue manifestiert hatte.

Für mich stellen solche Statuen keine Götzenbilder dar – schließlich haben die Engel selbst mich unnachgiebig gelehrt, Gott alle Ehre zu erweisen und sie selbst weder zu verehren noch anzubeten –, vielmehr erscheinen sie mir wie Symbole der Liebe Gottes. Sie sind eine freundliche Mahnung, sich dem Göttlichen zuzuwenden, wenn das Leben schwierig wird. Außerdem hatte ich festgestellt, dass Menschen, die Engelstatuen in ihrem Heim haben, meistens mehr Schutzengel um sich haben als andere. Könnte das Gleiche auch für Feen zutreffen? Schließlich hatten sich die Feen für mich als mächtige Freunde und Heiler erwiesen. Vielleicht würde eine Feenstatue im Garten die gleiche Wirkung haben wie das Aussetzen von Bienen oder Marienkäfern – freundlichen Helfern des Gartens.

Ich stellte die Statue so lange um, bis sie genau in dem Winkel stand, der mir zusagte – sodass ich sie von meinem Bett aus gut sehen konnte. Ich trat einen Schritt zurück, um das kleine Standbild zu bewundern, als rechts von mir etwas meinen Blick auf sich zog. Als ich auf die hellen Objekte zuging, die meine Aufmerksamkeit geweckt hatten, stellte ich mit Schrecken fest, dass es die Pilze waren, die wieder gewachsen waren, dieses Mal sogar noch üppiger und robuster als zuvor!

Am Abend erzählte ich Michael von den Pilzen im Garten. Er nahm sofort eine Schaufel und ging hinaus, um sie auszugraben. Ich hörte ihn vor sich hin murmeln, wie bizarr es sei, dass die Pilze plötzlich wieder voll ausgewachsen da waren, nachdem er sie doch vor ein paar Tagen erst entfernt hatte.

Botschaften des Himmels

Ich ging in mein Arbeitszimmer, um an meinem Buch weiterzuarbeiten, und nachdem ich die Tür geschlossen und weiches Licht eingeschaltet hatte, sprach ich ein Gebet mit der Bitte um Führung. Nach den Informationen meiner Engel hatte ich nur noch ein paar Kapitel zu schreiben. Ich hatte noch immer nicht angefangen, die von den Engeln durchgegebenen Botschaften zu lesen, mir jedoch das Versprechen gegeben, sofort nach der Fertigstellung des Buches damit zu beginnen.

Mir war jedoch klar, dass ich zögerte, mich in etwas zu vertiefen, das sich unter Umständen als ein schmerzhafter Prozess herausstellen könnte. Was, wenn die Botschaften keinen Sinn ergaben? Ich hatte keine Ahnung, wie ich mit einer solch undenkbaren Situation umgehen sollte. Mehrere Monate waren bereits mit dem Schreiben des Buches vergangen und der vereinbarte Abgabetermin rückte immer näher. Das Buch war bereits im Buchhandel vorverkauft worden und alle rechneten damit, es zu einem bestimmten Datum zu erhalten.

Als ich vor meinem Computer saß, fiel mein Blick auf das wunderschöne Poster vor mir an der Wand – ein solches Bild würde gut auf den Umschlag meines Buches passen: »*L'Innocence*« von William Bouguereau. Ich betrachtete den glückseligen Gesichtsausdruck der schönen Brünetten, die eine Hand ans Ohr hielt, um die Botschaften der sie umschwebenden Engel besser hören zu können. *Vielleicht sollte ich mir auch die Hand ans Ohr halten, damit ich mich besser auf die Fertigstellung meines Buches konzentrieren kann*, überlegte ich. Ich erhob mich von meinem Stuhl und legte mich auf den Boden meines Arbeitszimmers, doch irgendwie erschien mir meine Umgebung zu künstlich, zu unnatürlich, also schnappte ich mir zwei große Badetücher und ging hinaus auf die Veranda.

Es war ein herrlicher Abend mit einem strahlenden Vollmond. Ich legte die Badetücher auf den Liegestuhl und streckte mich aus. Ich hatte mich noch nie nach Sonnenuntergang auf den Liegestuhl gelegt. Es kam mir vor, als würde ich ein »Mondbad« nehmen. Eisblaues Licht ergoss sich über mich und weckte uralte weibliche Regungen in mir, die aus meiner tiefsten Seele aufstiegen.

Ich öffnete die Arme weit, um möglichst viel Mondlicht einzufangen. Es schien, als würde ich durstig seine Energie in mich aufnehmen. In der Ferne spiegelte sich der Mond schimmernd im ruhigen Wasser des Meeres, dort, wo es in den Hafen von Dana Point überging. Das

Mondlicht und ich kommunizierten eine zeitlose Ewigkeit miteinander und anschließend stellte ich fest, dass beinahe zwei Stunden vergangen waren.

Am nächsten Morgen schienen alle Farben strahlender zu leuchten, als hätte das Bad im Mondlicht alle alten seelischen Verschmutzungen von meinem physischen und geistigen Blick weggewaschen!

Der Garten hinter unserem Haus vibrierte vor Leben: herrliche Blüten, riesige Blätter, fröhlich zwitschernde Vögel und die immer hungrigen Eichhörnchen. Junge Vögel und Eichhörnchen wurden von ihren Eltern zu dem Bankett gebracht, das ich jeden Tag für sie auslegte. Ein dickes kleines Vogelbaby, dessen Leibesumfang größer zu sein schien als der seiner Mutter, piepste ohne Unterlass, bis sie vorgekautes Vogelfutter in seinen Schnabel stopfte. Das Kleine folgte seiner Mutter immer weiter und bettelte unaufhörlich um mehr Futter.

Ich erkannte, dass das neue Wachstum und die neuen Besucher in meinem Garten ein Beweis für die Gegenwart der Feen waren. Mir kam eine Erkenntnis, die direkt von der Ebene der Feen stammen musste, so intensiv und vollständig war sie: »*Diejenigen, die noch nicht in der Lage sind, Feen zu sehen, können zumindest diese Beweise für ihre Realität wahrnehmen. Schau dir die blühenden Blumen an, die üppig wachsenden Pflanzen, die Schmetterlinge, Libellen, Vögel und Eichhörnchen. Diese Besucher in deinem Garten sind die geladenen Gäste der Feen. Das vermehrte Wachstum in deinem Garten ist das Ergebnis ihrer kunstvollen Arbeit. Und sie bitten dich im Ausgleich dafür nur darum, gut für deinen Garten, die Pflanzen, Vögel und Tiere zu sorgen.*«

Also waren die Feen über meine intensive Garten- und Vogelpflege in der letzten Zeit erfreut! Es stimmte, ich hatte mir angewöhnt, mehr Zeit im Garten zu verbringen, ihn zu bewässern und neue Pflanzen einzusetzen. Und es bereitete mir Vergnügen, die Vögel und Eichhörnchen mit ausreichend Futter zu versorgen. Die Zahl der Tauben, die meine diversen Schalen mit Vogelfutter besuchten, war dramatisch angestiegen und zuweilen zählte ich bis zu zwanzig auf einmal.

Selbst meine Essgewohnheiten spiegelten meine Liebe zu den Vögeln und Tieren wider. Die Engel hatten bereits vor einigen Jahren als Antwort auf meine Gebete um größere Klarsicht und Intuition meine Ernährungsweise korrigiert.

»Jedes Mal, wenn du Fleisch isst, nimmst du die Energie von Schmerz in dich auf«, hatten sie erklärt. *»Durch die Schmerzen des Tieres entstehen chemische Substanzen, die sich in seinem Fleisch ausbreiten, und wenn du das Tier isst, nimmst du damit seine Schmerzen auf. Schmerz reduziert deine energetische Frequenz und führt dazu, dass du die Botschaften aus den höheren Ebenen der geistigen Welt nicht hören kannst. Wenn du wirklich in der Lage sein willst, den Schleier zwischen den Welten zu durchdringen, dann höre auf, Fleisch zu essen. Auch Milchprodukte führen zu einer Trübung der Aura und dein ›Fenster‹ zum Himmel wird klarer, wenn du Milchprodukte meidest.«*

Nach dieser Botschaft hatte ich aufgehört, tierische Produkte zu essen, einschließlich Milch, Käse und Joghurt. Eine Zeit lang aß ich jedoch weiterhin Fisch, da die Engel mir erklärt hatten, dass die wässrige Umgebung die Energie ihrer Schmerzen dämpft. Eines Abends jedoch, als ich gerade Schwertfisch für meine Familie zubereitete, bemerkte ich das Blut, das aus dem Fischfilet in der Pfanne austrat. *Das ist Blut von einem Wesen, das einmal gelebt hat*, wurde mir klar und ich war entsetzt über diese Erkenntnis. Ab sofort aß ich auch keinen Fisch mehr. Glücklicherweise befriedigte mich meine neue, radikal vegetarische Ernährungsweise vollkommen und führte außerdem dazu, dass ich mich sehr energiegeladen und gesund fühlte. Ich hatte nicht das geringste Verlangen nach Fleisch, Geflügel, Fisch oder Milchprodukten.

In diesem Zusammenhang ist es interessant, auf etwas hinzuweisen, was ich bei meinen Seminaren immer wieder erlebe, wenn ich die Teilnehmer lehre, wie sie Botschaften ihrer Engel empfangen können. Bei einer Übung werden die Teilnehmer in Paare eingeteilt und aufgefordert, dem Partner ein »Engel-Reading« zu geben (ähnlich wie ein hellsichtiges Reading, nur dass man von den Schutzengeln der anderen Person Informationen erbittet, statt zuzulassen, dass Botschaften aus der sonstigen geistigen Welt durchkommen). Während der Übung fordere ich die Teilnehmer auf, den Engeln ihrer Partner die folgenden Fragen zu stellen: »Wie kann mein Partner euch besser sehen und hören? Gibt es irgendwelche Veränderungen, die mein Partner vornehmen kann, die es ihm ermöglichen, euch besser zu sehen und zu hören?«

Ich bin immer wieder erstaunt über die große Anzahl derjenigen, die eine Antwort erhalten, die im Wesentlichen folgendermaßen lautet: *»Sag ihr/ihm, sie/er soll weniger Käse (Eiscreme, Butter etc.) essen.«* Tatsächlich kann ich einen hohen Verzehr von Milchprodukten in der Aura eines Menschen erkennen: Sie wirkt dann trüb und undurchsichtig, wie ein mit Fett verschmiertes Fenster.

Einmal sagte ich zu Carolyn, einer meiner Klientinnen, dass ihre Aura einen extrem hohen Anteil von Milchprodukten zeige. Sie war verblüfft darüber, dass ihre Essgewohnheiten in ihrem Energiefeld sichtbar waren. Als ich Carolyn einen Monat später wieder traf, sah sie wunderbar aus. Sie erklärte, dass sie alle Milchprodukte aufgegeben hatte, nachdem sie die Engel gebeten hatte, ihr Verlangen danach zu heilen – und sie war zehn Pfund leichter geworden!

Mir wurde klar, dass auch die Feen uns dazu drängen, unsere Ernährungsgewohnheiten entsprechend zu verändern, doch unterscheidet sich ihre Motivation von der der Engel. Während die Engel einfach meine Fragen nach einer besseren spirituellen Verbindung beantworteten, wissen die Feen, dass eine vegetarische Lebensweise auch für die Erde günstiger ist. Im Laufe der nächsten Tage erklärten sie mir, dass biologischer Anbau für die Wiederbelebung des Erdbodens wichtig ist, der durch eine Landwirtschaft mit künstlichen Düngern und Pestiziden gelitten hat. Außerdem forderten sie mich dringend auf, mich über Fragen des Tierschutzes zu informieren.

Das fiel mir leicht, da ich zwei Nächte zuvor einen quälenden Traum gehabt hatte: Eine Herde Nashörner galoppierte durch eine Steppenlandschaft und eines von ihnen schaute mich direkt an. Ich hörte deutlich seine Stimme, die mich anflehte: »Hilf uns! Bitte, hilf uns!« Ich fühlte den Schmerz und die Angst der Nashörner und wachte mit heißen Tränen der Trauer in den Augen auf. Doch wusste ich nicht, wie ich diesen wunderbaren Geschöpfen helfen konnte, die auf einem weit entfernten Kontinent lebten.

Daher war die Anregung der Feen, das traurige Los vieler Tiere zu erforschen, für mich ein weiterer Ansporn, auf die Bitte der Nashörner zu reagieren. Da ich wusste, dass es die Hauptaufgabe der Feen ist, Pflanzen und Tiere zu beschützen, schien mir ihre Bitte absolut angebracht. Natürlich sind die Feen auch Helfer der Menschheit, doch ihre Hauptsorge gilt den vierbeinigen Bewohnern von Mutter Erde.

Also suchte ich im Internet nach Informationen über Tierschutzgruppen. Ich fand zwei, die mir besonders zusagten: People for the Ethical Treatment of Animals (PETA) und EarthSave (weitere Informationen über diese beiden Gruppen finden Sie am Ende dieses Buches). Ich begann, ehrenamtlich bei PETA mitzuarbeiten und mich für einen menschlicheren Umgang mit Tieren einzusetzen.

Bei meinen Nachforschungen stellte ich schockiert fest, wie grausam Tiere behandelt werden, wenn sie als Lieferanten für Leder oder Nahrung gezüchtet werden. Die Vögel und Tiere werden in winzigen Käfigen gehalten, in denen sie kaum Raum haben, sich umzudrehen. Sie vegetieren in einer lebenden Hölle dahin. Als ich entdeckte, dass Kühe, die zur Lederherstellung benutzt werden sollen, zudem gequält und nicht ausreichend gefüttert werden, beschloss ich umgehend, keinerlei Lederprodukte mehr zu benutzen, und gab alle meine Lederschuhe und -taschen weg. Die Feen lobten mich für diese Entscheidung und dafür, dass ich auch andere Menschen über solche Missstände in der Tierhaltung aufklärte.

Da ich eine überzeugte Kämpferin für die Rechte der Tiere geworden war, können Sie sich meine Überraschung vorstellen, als ich eines Abends die folgende Botschaft verstorbener Tierseelen vernahm. Beinahe wie eine kollektive Stimme sagten sie zu mir: »*Wir haben nichts dagegen, dass ihr Menschen uns als Nahrung oder Kleidung benutzt. Das Problem ist die Art und Weise, wie ihr uns haltet und wie ihr uns dabei behandelt.*«

Diese Botschaft raubte mir den Atem, da ich bis zu diesem Zeitpunkt geglaubt hatte, dass es falsch sei – egal wie ein Tier aufgezogen wurde –, es als Nahrung oder für Kleidung zu benutzen. Doch die Feen erklärten es mir folgendermaßen: »*Du kannst dich entscheiden, keine Tierprodukte zu verwenden, und das ist auf jeden Fall eine gute Entscheidung. Doch schau dir an, wie sehr die Tiere euch Menschen lieben. Schau dir an, wie wichtig ihnen euer Glück ist – sie würden sogar ihr eigenes Leben für euch hingeben. Sie müssen schon sehr leiden, um sich über die Misshandlung zu beschweren, die sie von euch erfahren. Bitte hilf ihnen. Gib ihnen eine Stimme. Schaffe ein Bewusstsein für ihr Leiden und ihren Schmerz und wir werden alles in unseren Kräften stehende tun, um dir bei diesem Vorhaben zu helfen, jetzt und immer.*«

KAPITEL 5

Visionen und Träume

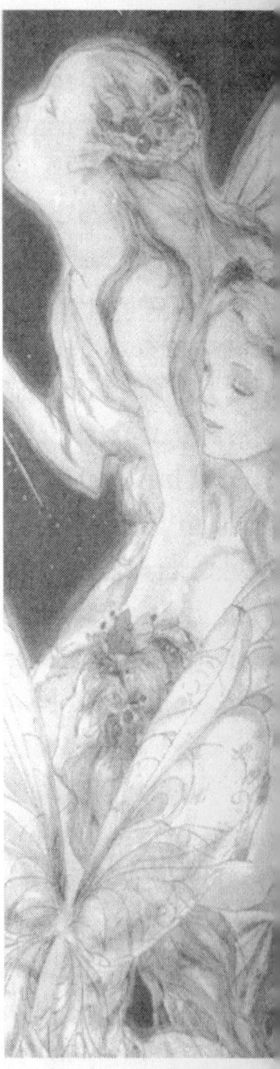

Ständig sah ich nun Feen, vor allen Dingen in der Nähe von Blüten. Die Feen erklärten mir, dass einige von ihnen bestimmten Blumen »zugeteilt« sind. Wenn diese Blumen zu einem Strauß gepflückt werden, bleiben die Feen so lange bei ihnen, bis die Lebenskraft die Blumen verlassen hat. Das ist vergleichbar mit einem Schutzengel, der bis zum letzten Atemzug bei »seinem« Menschen bleibt und dann dessen Seele auf der Reise heim in den Himmel begleitet.

Es wunderte mich, dass ich erst als erwachsene Frau auf die Feen aufmerksam geworden war. Wenn ich auf meine Kindheit zurückblicke, erinnere ich mich deutlich daran, dass ich verstorbene Personen und Schutzengel sehen konnte. Ich erinnere mich, wie meine Familie in unser neues Haus in North Hollywood umzog (ich war damals zwei Jahre alt). In diesem Haus hatte ich meine ersten »hellsichtigen« Erfahrungen – auch wenn ich dies damals nicht wusste.

Das Einzige, was ich wusste, war, dass ich Menschen sah – undurchsichtig und von sehr lebendiger Erscheinung –, die andere nicht sehen konnten. Zum Beispiel rief ich eines Abends meine Mutter in mein Zimmer und sagte ihr, dass »die Leute« nicht aufhörten, mich anzustarren. Ich konnte Erwachsene sehen, doch erkannte ich sie nicht als verstorbene Verwandte. Sie waren mir völlig fremd, doch ich konnte sie so deutlich erkennen, wie ich meine Mutter sehen konnte. Sie sah allerdings nichts und meinte, dass die Personen, die ich sah, wohl Reflexionen von Bildern auf dem Fernsehbildschirm im Wohnzimmer gewesen sein müssten, die sich im Fenster meines Schlafzimmers spiegelten. Doch das ergab für mich überhaupt keinen Sinn. Personen im Fernsehen bewegten sich und redeten. Diese Leute in meinem Zimmer standen einfach nur da und starrten mich an.

Mit einigen Kindern meiner Umgebung verband mich eine sehr tiefe Freundschaft. David, Jody, Colleen und ich spielten täglich zusammen. Außerdem verbrachte ich viel Zeit mit meiner besten Freundin Stephanie, deren Eltern das Apartmenthaus am Ende unserer Straße verwalteten. Der Sohn ihrer Nachbarn im ersten Stock, Steven, war einer der attraktivsten Jungs, die ich je gesehen hatte. Seit meinem fünften Lebensjahr war ich hoffnungslos in ihn verliebt, doch er schien mich nie zu bemerken, da ich zehn Jahre jünger war als er. Also blieb mir nichts anderes übrig, als ihn aus der Ferne anzuhimmeln und Stephanie anzuvertrauen, wie sehr ich mir wünschte, er würde mich bemerken.

Steven und ich hatten nur ein paar Mal miteinander zu tun. Einmal veranstaltete er eine improvisierte Show in der Nachbarschaft, um mit einer Puppe sein Talent als Bauchredner zu demonstrieren. Ich saß wie hypnotisiert inmitten der anderen Kinder in der Garage eines Nachbarhauses und sah zu, wie Steven mit der Puppe sprach. Hinterher stellte ich ihm endlose Fragen über die Techniken des Bauchredens und wie sich der Mund und die Augen der Puppe bewegten. Ich bewunderte Steven so sehr – er war mein erster Schwarm!

Ein anderes Mal spielten meine Freunde und ich auf dem Rasen vor Stevens Haus Ball. Dabei bemerkte ich einen Mann, der sich im Gebüsch versteckt hatte und uns beobachtete. Ich erzählte meinen Freunden davon, die kurz Richtung Gebüsch schauten und mich auslachten. »Da ist niemand, Doreen!«, versicherten sie mir.

Die Kinder in der Schule waren weniger freundlich, wenn ich über meine metaphysischen Gedanken oder Visionen sprach. Ich begann zu verstehen, dass ich Personen sah, die für andere nicht sichtbar waren. Außerdem wurde mir klar, dass sich auch meine Gedanken über das Leben generell von denen anderer Menschen unterschieden, also wurde ich vorsichtiger und erzählte bald nicht mehr alles, was ich sah und dachte.

Die Visionen meiner Kindheit waren zuweilen ziemlich entnervend – in erster Linie, weil ich sie nicht verstand –, doch waren sie nie blutrünstig und gaben mir auch nie das Gefühl, in Gefahr zu sein. Ich fühlte mich vor allem dann sicher und geliebt, wenn sie nachts in meinem Schlafzimmer auftraten. Zunächst sah ich sie nicht als Gestalten, sondern als leuchtende, glitzernde »Engellichter«. Funkelnde Schattierungen von Grün, Blau und Purpur tanzten um mich herum. Mit den Lichtern kamen ein tiefes Gefühl von Frieden und eine überirdische Ruhe über mich, so als sei ich in ein tiefes schwarzes Loch gefallen, in dem irdische Geräusche nicht existierten.

Mit zunehmendem Alter verlagerte sich meine Hellsichtigkeit. Ich sah verstorbene Personen jetzt mehr als durchsichtige, dreidimensionale Charaktere, die gleichzeitig vor meinen inneren wie auch vor meinen physischen Augen auftauchten. Doch immer sahen Verstorbene entschieden anders aus als lebendige Personen.

Meine Engelvisionen andererseits wurden immer detaillierter, als ich älter wurde. Ich konnte nicht nur ihr strahlendes Licht sehen, sondern auch die Gesichter der Engel, ihre Körper und Flügel. Genau wie bei den Verstorbenen sah ich die Engel gleichzeitig mit meinen geistigen und meinen physischen Augen.

Doch ich sprach auch jetzt nicht über meine Visionen, aus Angst, ich würde mich lächerlich machen. Ich gab einfach nur die Informationen weiter, die mir von der geistigen Welt übermittelt worden waren, ohne zu erwähnen, wie oder woher ich dieses Wissen erhalten hatte. Und selbst dann »überarbeitete« ich ihre Botschaften, bevor ich anderen Leuten davon erzählte, damit die Worte »normaler« klangen.

Während ich heranwuchs, heiratete, meine beiden Söhne bekam und aufs College ging, stand ich immer noch in Kontakt mit der geistigen Welt, wobei mir die

Engel damals eigentlich mehr als Quälgeister erschienen denn als Freunde. Unablässig drängten sie mich, über die metaphysischen Wahrheiten, die sie mich lehrten, zu sprechen und zu schreiben, doch die schmerzhaften Erinnerungen an die vielen Hänseleien, denen ich als Kind ausgesetzt gewesen war, brannten noch immer in meiner Seele. Und als ich mir schließlich als Psychotherapeutin und Autorin im Bereich Essstörungen einen Namen gemacht hatte, fürchtete ich, dass ich – sollte ich öffentlich über meine Interaktionen mit der geistigen Welt sprechen – meinen guten Ruf, mein Einkommen und meine Freunde verlieren würde. Und in den späten Achtziger- und frühen Neunzigerjahren, als Geschiedene und Mutter von zwei Kindern, konzentrierte ich mich weniger auf Spiritualität, sondern mehr darauf, genug Geld zum Leben zu verdienen.

1993 spürte ich, dass ich bereit war, wieder zu heiraten, also begann ich meine Aufmerksamkeit auf die Prinzipien der Manifestation zu richten, um meinen zukünftigen Ehemann in mein Leben zu ziehen. Zunächst machte ich eine detaillierte Liste aller Eigenschaften, die ich mir bei einem Partner wünschte, wobei ich mich selbst ehrlich prüfte und nur das aufschrieb, was mir wirklich wichtig war. Sobald die Liste vollständig war, übergab ich sie innerlich Gott und sagte: *Ich weiß, dass dieser Mann mit der gleichen Leidenschaft nach mir sucht wie ich nach ihm.*

Innerhalb von drei Wochen traf ich Michael. Er repräsentierte alles, worum ich auf meiner Liste gebeten hatte. Mir war vollkommen klar, dass ich ihn durch meine positiven Intentionen und mein spirituelles Loslassen in meinem Leben manifestiert hatte. Wir wurden auf Anhieb unzertrennlich und waren innerhalb eines Jahres verheiratet. Wir schienen total kompatibel zu sein – bis eine lebensverändernde Erfahrung zu gewaltigen Umbrüchen in meinem persönlichen und beruflichen Leben führte, die sich als fatal für unsere Ehe herausstellen sollten.

Zurück auf dem spirituellen Weg

Es passierte am 15. Juli 1995, als ein Engel mich laut und deutlich warnte, dass mein Auto gestohlen werden würde. Eine Stunde später überfielen mich zwei bewaffnete Männer und verlangten meinen Autoschlüssel und meine Handtasche. Der Engel forderte mich auf, mich zu wehren und aus Leibeskräften zu schreien. Meine Schreie zogen die Aufmerksamkeit einiger zufällig vorbeikommenden Fußgänger auf sich, die die Männer verscheuchten.

Nach jenem Tag war ich nicht mehr dieselbe. Ich begann mich mit dem Thema göttlicher Intervention zu beschäftigen, nahm an Kursen zur Entwicklung übersinnlicher Fähigkeiten teil, meditierte und las jede Menge esoterischer Bücher. Jedes Mal jedoch, wenn ich mit meinem Mann über meine neuen Interessen sprach, hatte ich das Gefühl, dass er sich skeptisch und herablassend verhielt. Das erinnerte mich an die Reaktionen meiner Schulfreunde, wann immer ich ihnen gegenüber metaphysische oder übersinnliche Phänomene erwähnt hatte.

Ich hörte also bald auf, mit Michael über diese Dinge zu diskutieren, und spürte, wie wir uns auseinander lebten.

Warum hatte ich »Spiritualität« nicht mit auf meine Liste geschrieben, als ich versucht hatte, einen Lebenspartner zu manifestieren? Nun, damals war mir dies nicht als besonders wichtig erschienen. Doch jetzt, als ich merkte, dass ich mich nach einem Partner sehnte, mit dem ich mich über Bewusstseinsfragen und das Leben nach dem Tod unterhalten konnte, machte ich mir ziemliche Vorwürfe, dass ich ein derart entscheidendes Detail vergessen hatte. Ich liebte Michael, doch spürte ich gleichzeitig eine Mauer zwischen uns. Natürlich wusste ich, dass er im Grunde genauso »spirituell« war wie ich. Schließlich sind wir alle geistige Wesen. Wir sind alle Kinder Gottes. Doch wünschte ich mir, mit ihm über diese Konzepte reden zu können.

Während der nächsten Monate bat ich Michael, mich zu einer Diskussionsgruppe über das Buch *Ein Kurs in Wundern* zu begleiten und gemeinsam mit mir sonntagabends an den Treffen der örtlichen *Religious-Science*-Kirche teilzunehmen. Pflichtbewusst ging er mit, doch hinterher war ich jedes Mal frustriert und wütend, wenn wir über die Treffen sprachen. Ich hatte den Eindruck, als wolle er streiten, nicht diskutieren, also hörte ich auf, offen mit ihm über meine Liebe zur Spiritualität zu reden. Stattdessen diskutierte ich diese Dinge mit meinen Freunden in den Lerngruppen und in der Kirche. Das führte dazu, dass ich mich noch mehr von Michael zurückzog, was uns immer weiter voneinander entfremdete.

Ich versuchte, nicht über meine Ehe nachzudenken, was mir relativ leicht fiel, da ich sehr damit beschäftigt war, Seminare zu leiten und Bücher zu schreiben. Die Engel hatten mich gebeten, meine konventionelle psychologische Praxis aufzugeben und keine allgemeinen Selbsthilfebücher und Zeitschriftenartikel mehr zu schreiben. Sie drängten mich dazu, mein Leben hundertprozentig authentisch zu gestalten, indem ich mich nur mit Dingen beschäftigte, die für mich wirklich von Bedeutung waren. Das bedeutete, dass ich mich ausschließlich auf meine Leidenschaft für Spiritualität konzentrierte.

Jedoch erklärten mir die Engel nicht, wie ich das Einkommen wettmachen sollte, das ich verlieren würde, wenn ich mit meiner bisherigen Arbeit aufhörte. Sie forderten mich einfach nur auf, Vertrauen zu haben, und versicherten mir, dass finanziell wie auch emotional alles ins Lot kommen würde, sobald ich Integrität in mein Leben brachte.

Praktisch am selben Tag, als ich meinen Terminplan von jeder Spur meiner bisherigen Tätigkeit als Psychologin und Autorin gesäubert hatte, erhielt ich einen Anruf von einer Frau namens Deb Evans, der Programmdirektorin der *Whole Life Expo*. »Wir würden uns freuen, wenn Sie bei unserer Veranstaltung in San Jose einen Vortrag über Ihr Buch *I'd Change My Life If I Had More Time* halten würden«, sagte sie mir.

Ich war vollkommen überrascht und begeistert! Normalerweise musste man sich für einen Vortrag an die

Direktion der *Whole Life Expo* wenden und die Chance, einen Vortragstermin zu bekommen, selbst wenn man bereit war, ohne Honorar aufzutreten, war äußerst gering. Doch in diesem Fall hatte die Programmdirektorin selbst mich angerufen und mir eine Vortragsmöglichkeit gegen Bezahlung angeboten, obwohl ich mich noch nicht einmal als Rednerin beworben hatte! Ich wusste, dass die himmlischen Mächte ihr Versprechen mir gegenüber hielten. Ich war dabei, eine neue Laufbahn als spirituelle Lehrerin zu beginnen, was ich als meine wahre Lebensaufgabe erkannte.

Danach ging es mit meiner Karriere als Seminarleiterin und Autorin bergauf. Ich erhielt beinahe umgehend die Bestätigung des Universums, dass ich mich endlich auf dem richtigen Weg befand. Türen begannen sich praktisch mühelos zu öffnen. Jeder schien glücklich zu sein mit meiner Arbeit, einschließlich ich selbst. Irgendwann bekam ich so viele Einladungen, Vorträge zu halten und Seminare zu geben, dass ich einen Manager und weiteres Personal einstellen musste, die mir bei der Planung meiner Veranstaltungen halfen.

Das viele Reisen, das mit den Seminaren und Vorträgen verbunden war, wirkte sich negativ auf meine Ehe aus, da Michael nur gelegentlich mit mir reiste und wir daher sehr häufig getrennt waren. Irgendwann fing er an, bei meinen Seminaren Kleider zu verkaufen, doch das Mitschleppen der Waren machte das Reisen schwierig und umständlich. Schließlich beschloss er, mich nicht mehr auf meinen längeren Reisen zu begleiten. Viele Redner und Seminarleiter, die ich unterwegs traf, waren verheiratet und wir sprachen oft über die Möglichkeiten, eine Ehe und eine Vortragskarriere miteinander zu verbinden. »Es ist nicht leicht«, hörte ich immer wieder. Ich wusste, dass ich ein großes Risiko in meinem persönlichen Leben einging, indem ich mich in die Arena des öffentlichen Auftretens begab.

Jedoch ließ mich die göttliche Führung so deutlich wissen, dass ich Vorträge halten sollte, dass ich darauf vertrauen musste, dass ein übergeordneter Plan am Werk war. Ich hielt also nicht länger daran fest, ob und wie meine Ehe weitergehen sollte. Natürlich wollte ich nicht leiden und bestimmt war es auch nicht meine Absicht, Michael oder irgendjemand anderem Schmerz zuzufügen. Doch nach meinem Erlebnis mit dem Überfall war meine Priorität die, so viele Menschen wie möglich zu erreichen und sie wissen zu lassen, dass Engel und das Leben nach dem Tod Wirklichkeit sind.

Ich setzte meine Strandspaziergänge fort, sooft mir mein Terminplan Zeit dafür ließ. Mein Buch *Angel Therapy* war mittlerweile fertig und es war jetzt an der Zeit, die Kapitel zu lesen, die von den Engeln direkt übermittelt worden waren. Ich war so nervös wie an dem Tag, an dem ich den Brief von der Chapman University öffnete, in dem stand, dass ich meine Abschlussprüfung bestanden hatte. Ich wusste nicht, ob ich unverständliches Kauderwelsch oder himmlische Weisheit lesen würde.

Es stellte sich heraus, dass ich mir keine Sorgen hätte machen müssen. Jedes Kapitel enthielt Informationen, die ich vorher weder gehört noch gelesen hatte, und ein Vokabular, das mir beinahe fremd erschien. Ein paar Mal musste ich im Wörterbuch die Terminologie der Engel nachschlagen, da mir diese Worte bis dato völlig unbekannt gewesen waren. Abgesehen von der Korrektur einiger Satzzeichen und kleinerer Rechtschreibfehler wurde das Buch Wort für Wort so veröffentlicht, wie ich es aufgeschrieben hatte. Ich lernte eine Menge beim Lesen dieses Buches und einige Teile, die ich damals nicht verstand, enthüllten mir ihren Sinn in den nachfolgenden Jahren, als meine eigenen Erfahrungen mich immer offener dafür machten.

Jill Kramer, meine Lektorin, die bereits an mehreren Büchern mit mir gearbeitet hatte, bemerkte, dass ihr sehr schnell aufgefallen war, dass *Angel Therapy* ein gechanneltes Buch war. »Ihr Schreibstil ist so unverwechselbar«, meinte sie, »und der erste Teil des Buches hört sich überhaupt nicht an wie Sie!«

Traumbegegnungen

Ungefähr zur gleichen Zeit stellte sich eine Reihe intensiver Traumerlebnisse ein. Wenn ich aufwachte, war mir jedes Mal bewusst, dass mein Geist während des Schlafes irgendwohin gereist war. Ich erinnerte mich immer vage daran, als Schülerin in einem Klassenzimmer gewesen zu sein. Manchmal absolvierte ich sogar ein paar inoffizielle Lehrpflichten, wobei ich zum Beispiel mit einem Dutzend anderer Personen um einen Felsblock herumsaß und eine philosophische Diskussion leitete. Oft wachte ich am Morgen erschöpft von all dem nächtlichen Lernen und Unterrichten auf.

Die Informationen, die mir nachts vermittelt wurden, waren vollkommen verständlich, wenn ich sie im Traum empfing, doch im Wachzustand konnte ich mich nicht an das Geringste erinnern! Auf einem meiner Strandspaziergänge bat ich meine Engel, mir dieses Phänomen zu erklären.

Sie sagten zu mir: *»Du reist in der vierten Dimension, in der es keine Zeitgrenzen gibt. Die Informationen, die du erhältst, sind nur sinnvoll in einer Welt, deren Denken nicht durch Raum- und Zeitbegrenzungen eingeschränkt ist. Wenn du dann in der dreidimensionalen Welt aufwachst, die auf Uhren und Kalendern basiert, ergeben die Informationen keinen Sinn.«*

Das machte mich traurig, denn ich erinnerte mich, wie entzückt ich von den Informationen gewesen war, als ich sie erhalten hatte. Ich hatte meinen spirituellen Lehrern begeistert gesagt: »Ja, natürlich. Das leuchtet mir vollkommen ein!« Ich wünschte so sehr, mich an die Dinge erinnern zu können, die sie mich jede Nacht lehrten.

»Mach dir deswegen keine Sorgen«, beruhigten mich die Engel. *»Die Informationen, die du und andere Menschen jede Nacht empfangen, wird Teil eures Unterbewusstseins. Diese Informationen gehen niemals verloren und sie werden dir immer zum Segen gereichen, selbst wenn du dich nicht bewusst daran erinnern kannst.«*

Als ich nach Hause zurückkam, las ich noch einmal die Worte der Engel in *Angel Therapy* zum Thema »Zeit«:

Reguliert die Uhr an deinem Handgelenk deinen Zorn? Zwingt die Position ihrer Zeiger dich, durch dein Leben zu hasten wie der unermüdliche Zeiger, der die Sekunden jagt? …

Ist es nicht so, dass du viel Energie einsetzt, um mit dem unaufhörlichen Ticken des Zeitmessers Schritt zu halten? Und glaubst du nicht auch, dass die menschliche Maschine – wenn sie auch nicht gestoppt werden kann – Ruhepausen und mehr als nur gelegentliche Aufmerksamkeit braucht?

Daher bitten wir dich, so bewusst wie möglich diese Rivalität mit dem Zeitmesser zu überdenken, die du dir selbst aufgezwungen hast. Wenn wir uns unter euch umschauen und in eure Herzen sehen, finden wir nicht eine einzige Seele, die mit dieser rücksichtslosen Rivalität zwischen Geist und Maschine einverstanden ist … Du bist dazu ausersehen, wunderbare Momente des Entzückens zu erleben, und nicht, einen Zeitmesser nachzuahmen, als sei er dein Herrscher … Kreativität und Schaffen werden nicht aus Druck geboren, sondern aus einer unermesslichen Freude, die sich nach außen manifestiert im Zelebrieren ihrer Herrlichkeit.

Zu spielen ist die Lösung, nicht zu arbeiten …

Eine einzige Stunde lang achte nicht auf die Uhr, die du an deinem Handgelenk trägst. Erlaube keinem Gedanken an Zeit, sich in deinem Geist oder auf deinen Lippen niederzulassen. Und beobachte, wie die Bewegungen deines Geistes und deines ganzen Wesens sich zu einer Erholungspause verlangsamen, die neuen Ideen zur Geburt verhilft.«

Mit Freuden folgte ich dem Rat der Engel und stellte fest, dass sie – wie üblich – Recht hatten. Je weniger ich auf die Uhr oder den Kalender achtete, desto mehr Raum schien meine Seele zu haben, um originelle Gedanken und

Ideen hervorzubringen. Zudem fühlte ich mich freier und weniger unter Druck. Also schwor ich mir, nie mehr in mein altes »Zeitmuster« zurückzufallen.

Am nächsten Tag am Strand setzte ich mich auf einen Quarzfelsen, um zu meditieren. Während ich die Kristalle berührte, die aus dem Stein herausragten, schloss ich die Augen und bat um Führung. Ich hatte das Gefühl, als ob der Stein selbst direkt zu mir sprechen würde, im Einvernehmen mit den Feen und Engeln, die mich umgaben. Wie die Feen mir erklärt hatten, intensiviert der Stein die Lautstärke der göttlichen Botschaften. Schließlich wird Quarz ja auch in Radios und Armbanduhren eingebaut.

»Sogar Quantenphysiker experimentieren gegenwärtig mit dem Thema Zeit«, ließen sich die Feen und Engel plötzlich vernehmen. Ich hörte aufmerksam zu und erkannte, dass sie mir die Antwort gaben auf meine Fragen bezüglich der Zeit. *»Innerhalb der nächsten zwanzig Jahre werden die Wissenschaftler Entdeckungen machen, die die Art und Weise verändern, wie Menschen die Zeit betrachten. Eure Wissenschaftler werden beweisen, dass die menschliche Obsession mit Zeitmessern und Kalendern beschränkend und einengend wirkt. Wenn ihr unablässig eure Uhren und Kalender prüft, versagt ihr euch die Fähigkeit, an verschiedenen Orten gleichzeitig zu sein – das, was ihr als Bilokalität bezeichnet, wobei es sich jedoch um wesentlich mehr als nur zwei Orte handelt.«*

Wow, dachte ich. *Das leuchtet mir ein. Es ist unser Glaube an die Beschränkungen von Zeit und Raum, der jene Beschränkungen für uns erst wirklich macht.*

Die Feen und Engel erklärten weiter, dass wir Menschen nur aufhören müssten, uns so sehr auf Zeit und Termine zu konzentrieren, um unsere natürlichen spirituellen Fähigkeiten wieder zu erlangen. Dann könnten wir von einem Augenblick zum anderen Dinge erschaffen, den Ort wechseln und andere phantastische Taten vollbringen, die uns jetzt übernatürlich erscheinen. Sie teilten mir mit, dass die Menschen in nicht allzu ferner Zukunft keine Uhren mehr tragen und sich stattdessen auf ihre innere, intuitive Uhr verlassen würden.

Als ich von meinem Spaziergang nach Hause kam, legte ich die Uhr ab, die ich seit ewigen Zeiten getragen hatte, und beschloss, sie nur noch während meiner Seminare zu tragen oder wann immer es wirklich unumgänglich schien, die genaue Uhrzeit zu wissen. Außerdem verpflichtete ich mich auf den Vorschlag der Engel dazu, mindestens einen Tag der Woche frei zu halten und keinerlei Termine einzuplanen. Die Engel erklärten mir, dass es für uns Menschen wichtig sei, in unserer konstanten Beschäftigung mit der Zeit eine Pause einzulegen, indem wir uns einen freien Tag gönnen, den wir nach unserem Gutdünken gestalten können, ohne ständig wissen zu müssen, wie spät es ist. Sie versicherten mir, dass ich an diesem Tag trotzdem meinen Verantwortungen nachkommen würde, doch mit viel weniger Stress.

Mitten in dieser Nacht erwachte ich und stellte zu meinem Schrecken fest, dass ich wach war und mit Sicherheit nicht träumte – und an der Zimmerdecke schwebte! Ich konnte meinen Körper unter mir auf dem

Bett neben Michael sehen. Wir schliefen beide, doch ich befand mich außerhalb meines Körpers! Ich geriet in Panik und wollte verzweifelt in meinen Körper zurückkehren, wusste aber nicht, wie. Schließlich hatte ich meines Wissens seit meiner Kindheit nie mehr eine außerkörperliche Erfahrung gehabt.

Ich war damals ungefähr acht Jahre alt und ging eines Tages von der Sonntagsschule nach Hause. Plötzlich fühlte ich mich wie gelähmt, unfähig, mich zu bewegen. Als Nächstes bemerkte ich, dass ich meinen Körper von außen anstarrte – ich war nicht in ihm! Von oben ertönte eine männliche Stimme (die gleiche, die mich später vor dem Überfall gewarnt hatte) und sagte: *»Das ist es, was du hier lehren willst, das, was du jetzt erlebst, diese Trennung von Geist und Körper.«* Und dann, wie durch eine plötzlich aufkommende Brise bewegt, war ich wieder zurück in meinem Körper.

Doch jetzt, über dem Bett schwebend, schien es nicht ganz so einfach zu sein, in meinen Körper zurückzugelangen. Ich hatte keine Ahnung, wie ich es anstellen sollte. Wo waren meine Führer und Engel, wenn ich sie brauchte? Dann hörte ich plötzlich mehrere Engel, die mir einstimmig sagten: *»Deine Trauer über deine Vergangenheit erschwert unsere Aufgabe, mit dir zu arbeiten, dich zu lehren und dir zu helfen.«*

Okay, ihr habt meine Aufmerksamkeit. Ich höre, dachte ich.

Genau in diesem Moment wurde ich in meinen Körper zurückgesaugt, wie der Geist in Aladins Lampe. Mein Verstand war erschüttert. Ich war wach, wollte aber meinen Körper nicht bewegen. Ich blickte hinüber zu Michael, der offenbar nichts mitbekommen hatte und fest schlief. Sollte ich es wagen, ihm zu erzählen, was mir passiert war?

Ich fühlte die Gegenwart wunderbarer, riesiger Wesen im Raum, obwohl ich sie weder mit meinen geistigen noch mit meinen physischen Augen sehen konnte. Sie kommunizierten mit mir wortlos in einer Art telepathischer Gedankenübertragung: »*Die Trauer über deine Kinder – wegen deiner Scheidung und der Vormundschaftsregelung – hat dein Herz und deine Seele mit Schuld erfüllt. Diese Gefühle halten dich davon ab, unsere Lehren vollständig zu empfangen und die Lehrerin zu sein, die du eigentlich sein solltest.*«

Ich wusste sofort, dass die Stimmen Recht hatten, und mir war klar, dass ich mich noch immer sehr schuldig fühlte, weil ich mich vor einigen Jahren vom Vater meiner Söhne hatte scheiden lassen. Wir hatten alle gelitten, während Larry und ich über die Vormundschaft für Chuck und Grant stritten. Er gewann den ersten Prozess, ich den zweiten. Meine Söhne hatten sehr unter unserer Scheidung gelitten, und jedes Mal, wenn ich bei einem von ihnen ein Anzeichen emotionaler Narben sah, fühlte ich mich dafür verantwortlich.

Vom Kopf her war mir klar, dass unsere Ehe im Grunde keine Chance auf Erfolg hatte. Knapp zwanzig Jahre alt, als wir heirateten, hatten wir mit zweiundzwanzig bereits zwei Kinder. Wir waren beide jung und unreif und konfrontiert mit finanziellen Schwierigkeiten, die uns sehr zu schaffen machten. Alles sprach gegen uns, und unsere Ehe brach nach dreieinhalb Jahren auseinander. Das Schuldgefühl darüber war mir jedoch geblieben, wie mir die Engel in jener Nacht zeigten.

Am nächsten Morgen fühlte ich mich ein wenig benommen und sinnierte über den Mechanismus außerkörperlicher Erfahrungen sowie über die Botschaft der Engel bezüglich meiner Traurigkeit nach. Ihre Worte klangen mir noch in den Ohren, als ich an den Strand ging. Mit jedem Schritt wurde ich mir mehr der Schwere in meinem Herzen bewusst. Es war kein scharfer Schmerz, sondern mehr wie ein schweres Gewicht um meine Brust, das mich nach unten zog. Ich spürte die Schwere kaum, daher hatte ich nie daran gedacht, sie zu heilen, doch die Botschaft der Engel hatte sie mir deutlich zu Bewusstsein gebracht.

Am Strand war es so neblig, dass ich kaum etwas sehen konnte. Es war, als ob ich in einer Wolke ging. Ich atmete den schweren Nebel ein und empfand ein Gefühl von Verspieltheit und Abenteuer, als ich den Sand entlanglief. Es dauerte nicht lange, bis ich einen Platz fand, wo ich mich hinsetzen konnte. Innerlich wandte ich mich noch einmal an die Engel: *Danke, dass ihr mir mitgeteilt habt, dass meine Traurigkeit mein spirituelles Wachstum und meine Mission beeinträchtigt. Könnt ihr mir jetzt bitte dabei helfen?*

Offensichtlich war das alles, was die Engel brauchten! Als Antwort hörte ich eine innere Stimme, die mich anwies, mich auf den Sand zu legen. Ich zog mein Sweatshirt aus, um meinen Kopf darauf zu betten, und legte mich flach auf den Rücken. *»Schließe deine Augen und atme tief ein und aus«*, hörte ich.

Innerhalb von wenigen Augenblicken sah ich ein inneres Bild, das mich an *Gullivers Reisen* erinnerte. Ich spürte Hunderte von kleinen Engeln – die Feen! –, die meinen ganzen Körper bedeckten. Ich fühlte mich wie gelähmt, unfähig, mich zu bewegen, und ohne jeden Wunsch, mich zu bewegen. Ich konnte spüren, wie die Feen an mir arbeiteten, beinahe so, als würden sie eine Decke über mir stricken oder häkeln. Als ich mich innerlich auf sie einstimmte, verstand ich, was die Feen in Wirklichkeit taten. *Oh*, erkannte ich, *sie entfernen die Negativität aus meiner Aura.* Im gleichen Moment sah ich vor meinen geistigen Augen, wie sie die Gedankenformen von Angst und Traurigkeit aus dem Energiefeld meines Körpers zupften. Sie erinnerten mich an ein gut organisiertes Team winziger Obstpflücker.

Dieser Vorgang dauerte ungefähr zwanzig Minuten, soweit ich es beurteilen konnte, da ich keine Uhr bei mir hatte. Zudem hatte ich das Gefühl, als sei die Zeit während dieser Heilbehandlung stehen geblieben. Dann verging das Gefühl des Gelähmtseins und ich fühlte mich wieder in der Lage, meine Hände und Finger zu bewegen, schließlich auch meine Arme. Ich prüfte meinen Rücken, indem ich leicht den Kopf anhob, und stellte fest, dass mein ganzer Körper mir wieder gehorchte.

Ich erhob mich, leicht desorientiert. Der dichte Nebel überzog immer noch den Strand und trug zu dem surrealen Gefühl von Zeit und Raum bei. Doch jegliche Negativität wurde ausgeglichen durch meine Dankbarkeit für die liebevolle Aufmerksamkeit der Feen. Tatsächlich hatte ich das Gefühl, dass sich in mir insgesamt etwas in

Richtung Dankbarkeit verlagert hatte. *Vielleicht ist das die Heilung!*, dachte ich. Vielleicht hatten die Feen mir geholfen, wahrhaft zu verstehen, dass alles im Leben ein Segen ist.

»*Ja, so ist es*«, hörte ich ihre leisen Stimmen. »*Alles, das dir widerfahren ist, hat es dir ermöglicht zu wachsen, stark zu werden und vorwärts zu streben. Du musst das Positive in jeder Person und Situation sehen, so wie die Bienen den Nektar tief in jeder Blume sehen. Wenn du dich auf diese Segnungen konzentrierst, wird dein inneres Licht alle Schwere hinwegschmelzen, die mit einer Situation verbunden sein mag. Diese Schwere ist es, die euch Menschen dazu veranlasst, zu urteilen und depressiv zu werden. Also lass deine Sorgen los und sieh deine ganze Situation im Licht.*«

Ich setzte mich wieder hin, um ihre Worte auf mich wirken zu lassen. Also, welche Segnungen hatten die Scheidung und die nachfolgenden Streitereien um die Vormundschaft mit sich gebracht? Nun, ich konnte sehen, dass meine Söhne und ich einander in der Folge viel näher gekommen waren. Und getreu dem berühmten Ausspruch von Nietzsche: »Was dich nicht umbringt, macht dich stark«, hatte mir das Überleben meiner Scheidung das Gefühl gegeben, praktisch unbesiegbar zu sein. Ich wusste, dass die Trennung meinen Söhnen Schmerzen verursacht hatte, doch ich konnte auch sehen, dass sie durch den Prozess reifer und selbstständiger geworden waren.

Darüber hinaus hatte mich die Situation dazu veranlasst, mein erstes Buch zu schreiben, ein Selbsthilferatgeber für Eltern nach der Scheidung. Nicht nur half das

Buch – das inzwischen nicht mehr erhältlich ist – Tausenden von in Scheidung lebenden Eltern, von denen ich viele Dankesbriefe erhielt, es markierte auch den Beginn meiner Karriere als Autorin und Rednerin.

Die Wirkung von Irrtümern aufheben

»Du kannst jede Situation ungeschehen machen.« Diese Botschaft erhielt ich als innere Anweisung, lautlos, aber gebieterisch. Ich spitzte die Ohren, gespannt, die Informationen zu hören, die darauf folgen würden. Und tatsächlich forderten mich die Engel und Feen auf, innerlich zu sagen: *In dieser Situation sind einige Fehler gemacht worden. Ich bitte darum, dass die Auswirkungen aller Fehler in allen Richtungen der Zeit – Gegenwart, Vergangenheit und Zukunft – vollständig aufgehoben werden.* Diese Affirmation erinnerte mich irgendwie an den *Kurs in Wundern* und ich fragte mich, ob der »Verfasser« dieser Weisheiten, Jesus, jetzt auch zu mir sprach.

Ich verbrachte jedoch nicht viel Zeit mit dieser Frage, da ich zu sehr damit beschäftigt war, die intensiven Empfindungen in meinem Körper zu fühlen. Ich wusste, dass diese vom Loslassen der negativen Gefühle herrührten, die in den Zellen meines Körpers gespeichert gewesen waren. Ich wiederholte die Affirmation innerlich, während ich mich gleichzeitig auf das Thema Scheidung und den nachfolgenden Kampf um die Vormundschaft konzentrierte: *In dieser Situation sind einige Fehler gemacht worden. Ich bitte darum, dass die Auswirkungen aller Fehler in allen Richtungen der Zeit – Gegen-*

wart, Vergangenheit und Zukunft – vollständig aufgehoben werden.

Ich wiederholte diese Affirmation so lange, bis das Beben und Zittern in meinem Körper aufhörte. Dann war mein Körper ruhig, was darauf hindeutete, dass er von den negativen Energieströmen gereinigt worden war, die mit dem Drama zwischen meinem geschiedenen Mann und mir zu tun hatten. Ich saß da und starrte eine Weile in den Nebel. Als ich mich wieder stark genug fühlte, stand ich auf und ging nach Hause.

Ich war jetzt zufriedener und glücklicher, als ich vor meinem Spaziergang an diesem Tag gewesen war, jedoch hatte die Arbeit der Feen offensichtlich so etwas wie eine Amnesie bei mir ausgelöst. Es war, als könnte ich mich nicht mehr daran erinnern, wie traurig ich gewesen war. Es schien, als ob ich immer schon so glücklich gewesen wäre wie jetzt. Ich war froh, dass ich mich nicht erinnerte, da ich mich auf nichts anderes als positive Gedanken und Gefühle konzentrieren wollte. Außerdem wusste ich innerlich, dass sich die Dinge für alle von dieser Scheidung Betroffenen gut entwickeln würden: meine beiden Söhne, meinen Exmann, seine Familie, meine Eltern und mich selbst. Die Heilung betraf nicht nur mich – sie betraf uns alle.

Als ich zu Hause ankam, sah ich, dass die Garagentür offen stand, und hörte ein lautes, dröhnendes Geräusch aus dem Garten hinter unserem Haus. Michael mähte den Rasen. Die Feen! Ich rannte die Treppe runter und fragte ihn mit lauter Stimme: »Hast du die Feen gewarnt?«

Sein Gesichtsausdruck gab mir die Antwort, bevor er noch stammeln konnte: »Oh, ich glaube nicht. Muss ich vergessen haben.«

Wieso behandelt er mich so von oben herab?, fragte ich mich. *Oder ist es sein Mangel an Erfahrung mit Feen und Engeln?*

Ich dachte an die umfassende Heilung, die ich soeben erlebt hatte. Da ich ihre positive Wirkung nicht gefährden wollte, konzentrierte ich mich auf Michaels positive Eigenschaften. Dann sagte ich innerlich zu den Feen: *Bitte vergebt uns! Es tut mir Leid, dass Michael den Rasen gemäht hat, ohne euch vorher zu warnen!*

Ich ging ins Haus und ein paar Minuten später kam Michael und küsste mich auf den Hals. »Diese Pilze in der Ecke des Rasens kommen einfach immer wieder!«, meinte er. »Doch ich bin mir ziemlich sicher, dass ich sie dieses Mal endgültig losgeworden bin.« Ich fühlte eine Gänsehaut und erbebte innerlich beim Klang seiner Worte. Doch mir war nicht klar, warum.

Laguna-Beach-Träume

Am nächsten Morgen, kurz vor Sonnenaufgang, hatte ich eine weitere Traumerfahrung. Meine geliebte Großmutter Pearl, die vor einigen Jahren gestorben war, erschien mir. Ihr Gesicht war so lebendig und ihre Gegenwart so intensiv spürbar, dass es mir schien, als sei ich wach und sie wäre körperlich anwesend. Während sie zu mir sprach, wusste ich, dass dies nicht einfach ein Traum war. Grandma Pearl war wirklich bei mir.

Sie hatte mich nach ihrem Tod schon viele Male besucht, normalerweise als Erscheinung, die ich neben meinem Bett stehen sah, oder als eine Stimme, die mir Führung gab. Sie hatte mir wie niemand anderer geholfen, das Leben nach dem Tod zu verstehen, und ich fühlte mich ihr nach ihrem Tod noch näher als zu ihren Lebzeiten.

Bei ihrem Traumbesuch zeigte Grandma Pearl mir eine Reihe von Bildern. Das erste war ein Haus mit Meeresblick in Laguna Beach. Dann, wie in einer Diashow, erschien ein neues Bild vor meinem Auge. Dieses Mal sah ich Holzstühle ohne Armlehnen, mit einem kastanienbraunen Gobelinmaterial gepolstert. Ich sagte zu Grandma: »Oh! Ich erinnere mich an diese Stühle!« Ich war so glücklich, sie zu sehen, und fühlte die sentimentale Erinnerung und Vertrautheit, die sie in mir hervorriefen.

»Möchtest du dieses Haus und diese Stühle haben?«, fragte sie mich.

»O ja, natürlich!«, antwortete ich vorbehaltlos.

»Dann beschäftige dich mit Pythagoras«, sagte Grandma. Und mit diesen Worten verschwand sie.

Ich war jetzt vollkommen wach und setzte mich im Bett auf. Der Mann mit dem Dreieck? Warum will sie, dass ich mich über einen Mathematiker aus der Antike informiere, und auf welche Weise sollte mir das helfen, meinen lang gehegten Traum zu verwirklichen und ein Haus in Laguna Beach zu besitzen? Gleich bei meinem ersten Besuch in Grandma Pearls Haus am Strand von Laguna Beach hatte ich mich in diesen Ort verliebt. Die künstlerische Atmosphäre dort war mir sofort sympathisch gewesen. Es gab keine Reihenhäuser oder langweiligen Ladenketten und der Ort bestand aus einer charmanten Mischung von hübschen Bungalows und phantastischen Villen. Alles in Laguna Beach schien »nonkonformistisch« zu sein, was der Individualistin in mir sehr gefiel.

Außerdem liebte ich Laguna Beachs üppige Wildblumenbeete, die den Strand zierten. Wie Kuchenteig mit Schokoladenstückchen, so waren die weißen Sandstrände mit eindrucksvollen Granitformationen gesprenkelt. Die Schönheit und der entspannte Lebensstil dieser kleinen Stadt erschienen mir wie ein seelenvoller Zufluchtsort in der hektischen Eile von Südkalifornien.

Motiviert von Grandma Pearls Versprechen, dass sich mein Traum erfüllen und ich in Laguna Beach wohnen würde, kritzelte ich »Pytagorus« auf ein Stück Papier auf meinem Nachttisch, da ich gar nicht genau wusste, wie der Name buchstabiert wird. Alles, was ich über ihn wusste, war das, an was ich mich noch aus meinem Algebraunterricht erinnerte, nämlich dass er irgendwie die Maße von Dreiecken berechnet hatte.

An diesem Morgen recherchierte ich im Internet, um Näheres über Pythagoras zu erfahren, und entdeckte, dass er sowohl ein Philosoph und spiritueller Lehrer als auch ein Mathematiker gewesen war. Er praktizierte und empfahl eine total vegetarische Ernährungsweise und lehrte seine Studenten alte spirituelle Geheimnisse. Ich war fasziniert, doch nicht sicher, wie sich dieses Wissen auf meine Lebensumstände auswirken sollte.

Wiederholt erinnerte ich mich an den Traum und suchte nach zusätzlichen Anhaltspunkten. Sowohl die Bilder der Stühle als auch meine Reaktion darauf verwirrten mich. Jetzt, da ich wach war, erschienen mir die Stühle nicht im Geringsten vertraut. Sie gehörten, soweit ich mich erinnern konnte, nicht meiner Großmutter, doch in dem Traum hatte ich eine derart starke emotionale Verbindung zu ihnen, als besäßen sie eine persönliche Bedeutung für mich.

Innerlich bat ich Grandma Pearl und meine Engel um Hilfe. *Was genau soll ich über Pythagoras wissen?*, fragte ich sie.

Während all dies geschah, war ich gleichzeitig mit den Vorbereitungen für eine bevorstehende Reise beschäftigt, in deren Verlauf ich einen Vortrag halten und in zwei Fernsehshows auftreten sollte. Ich stand vor dem Badezimmerspiegel und probierte Frisuren aus. *Hmm,* dachte ich, *ich muss auf jeden Fall zum Friseur und mir die Haare richten lassen.* Doch zu wem sollte ich gehen? Mein letzter Friseur hatte mir die Haare verschnitten und ich hatte noch keinen neuen gefunden.

Ich setzte mich im Schneidersitz auf den Boden und bat die Feen und Engel: *Bitte führt mich zu einem Friseur, der wirklich gut ist. Ich möchte gerne jemanden finden, der sich auf dem spirituellen Weg befindet und außerdem gut Haare schneiden kann.* Obgleich meine Bitte um einen »spirituellen Friseur« im Nachhinein wie eine ungewöhnliche Kombination erscheint, war dies mein ehrlicher Wunsch. Ich hatte gelernt, wie wichtig es ist, dass solche Bitten von Herzen kommen und nicht einfach nur »politisch korrekt« sind.

Nachdem ich innerlich dieses Gebet gesprochen hatte, lauschte ich still auf eine Antwort. Das tat ich, indem ich mich darauf konzentrierte, als passives Instrument die Antwort zu hören, ähnlich einer Satellitenschüssel, die Fernsehsignale empfängt. Die Engel hatten mir diese passive Methode des Hörens beigebracht und mir erklärt, dass wir uns nur selbst blockieren, wenn wir uns allzu sehr anstrengen, die himmlische Stimme zu hören. Tatsächlich, sagten sie, weist jede Anstrengung auf eine zugrunde liegende Angst hin, dass das, was wir uns wünschen, nicht passieren könnte. Und genau diese Angst ist der Grund, warum unser Ziel unerreichbar bleibt.

Die Antwort kam als ein Impuls, aufzustehen und mein Telefonbuch zu holen. Ich schlug die Gelben Seiten auf, bis ich die Eintragungen für »Friseurgeschäfte« fand. Eine bestimmte Anzeige schien sich von den anderen wie durch ein Leuchten an den Rändern hervorzuheben und ich wusste im selben Moment, dass die Engel und Feen mich zu diesem Salon geführt hatten.

Zwei Tage später hatte ich meinen Termin zum Haareschneiden und betrat den Laden, ohne zu wissen, was mich erwartete. Ein Mann Anfang zwanzig namens John war am Telefon gewesen, als ich wegen eines Termins angerufen hatte, und er war mir auf Anhieb sympathisch gewesen. Nachdem ich mich bei ihm auf dem Stuhl niedergelassen hatte, stellte er mir die üblichen Fragen an neue Kundinnen. Als er sich nach meiner Arbeit erkundigte, war ich ganz offen und sagte ihm, dass ich spirituelle Bücher schrieb.

John schwieg einen Moment, was mich befürchten ließ, er sei völlig überrumpelt durch meine Antwort. Das war er auch, doch nicht im negativen Sinn. »Welche Art von spirituellen Büchern?«, fragte er.

»Bücher über Engel, außersinnliche Phänomene und spirituelles Wachstum«, erwiderte ich. »Sie haben nichts mit einer bestimmten religiösen Richtung zu tun, am besten könnte man sie wohl mit dem Begriff ›New Age‹ beschreiben.«

»Interessant …«, war alles, was er sagte, bevor er sich entfernte. Glücklicherweise kehrte er schon im nächsten Moment zurück, bevor ich noch die Möglichkeit hatte, mich unbehaglich zu fühlen. Er legte mir zwei Bücher in den Schoß mit den Worten: »Hier sind ein paar Bücher, die ich kürzlich gelesen habe.« Der Untertitel des zuoberst liegenden Buches schien mir zuzuzwinkern – ich konnte kaum glauben, was ich sah: Es war ein Buch über Pythagoras! Natürlich hatte ich weder John noch irgendjemand anderem von meinem Traum erzählt.

Als ich mehr über die Bücher wissen wollte, erklärte John, dass er ein ausgeprägtes Interesse an Pythagoras und ähnlichen Themen habe. Aufgeregt erzählte ich ihm von Grandma Pearls Botschaft. Darauf meinte er nur, er sei es gewohnt, Botschaften zu erhalten und weiterzugeben, und daher nicht im Geringsten überrascht, dass wir auf Anhieb einen so guten Kontakt hatten. Im Laufe der nächsten Wochen gab John mir schriftliches Material, um mir zu helfen, die Theorien des großen Philosophen zu verstehen. Außerdem lieh er mir Bücher über Nikola Tesla, über die Kabbala und über Numerologie. Ich las jedes Buch mit großer Freude in dem Wissen, dass Grandma Pearl mit den himmlischen Mächten zusammenarbeitete, um mir wichtige Informationen zu übermitteln.

Durch Johns Bücher erfuhr ich, dass Orakelkarten wie beispielsweise das Tarot auf ägyptischen und pythagoreischen Theorien über »schwingungsmäßige Entsprechung« basieren. Diese Theorien besagen, dass jede Nummer, jedes Wort und jedes Bild – tatsächlich einfach alles – mit einer bestimmten Frequenz schwingt. Da durch unsere Gedanken und Gefühle Energien übermittelt werden, kommt es dazu, dass wir Menschen, Situationen, Gegenstände und Orakelkarten anziehen, die unserem Denk- und Gefühlsmuster entsprechen.

Der Traumbesuch von Grandma Pearl und ihre Botschaft über Pythagoras führten also dazu, dass ich mich eingehend mit Orakelkarten beschäftigte und mit verschiedenen Decks experimentierte. Ich fragte meinen amerikanischen Verlag, ob ich für sie ein Engelkarten-Deck verfassen sollte. Innerhalb eines Monats sagten sie zu und ich begann Bildmaterial für ein Engel-Orakel* zusammenzustellen.

Inzwischen wurde mein Terminplan immer voller. Gelegentlich gestand ich mir ein, dass ich es genoss, so viel unterwegs zu sein, weg von meinem Mann. Ich liebe es, mich mit spirituell eingestellten Menschen zu unterhalten und tiefgehende philosophische Diskussionen zu führen, und dachte, dass ich, wenn ich dieses Bedürfnis während

* *Das Heil-Orakel der Engel.* Heyne, München 2002.

meiner Seminare befriedigte, nicht mehr so sehr danach hungern würde, wenn ich nach Hause zurückkehrte.

Doch eines Tages saß ich mit einer spirituellen Lehrerin beim Mittagessen und wir sprachen darüber, wie man Reisen, Schreiben und Familienleben unter einen Hut bringen kann. Sie äußerte etwas, das mich zutiefst berührte und direkt von Gottes Mund zu meinem Ohr zu führen schien. Sie sagte: »Es ist unvermeidlich, dass uns jede Reise, die wir machen, tief verändert. Wenn wir nach Hause zurückkommen, sind wir ein anderer Mensch geworden, weil wir diese Reise unternommen haben. Die Erfahrungen unterwegs, die Dinge, die wir sehen, die Menschen, denen wir begegnen – dies alles verändert uns auf unwiderrufliche Weise. Auch wenn wir den Familienmitgliedern, die daheim geblieben sind, von unserer Reise berichten können, bleibt doch die Tatsache bestehen, dass wir als eine andere Person zurückkommen im Vergleich zu der, die wir vor Antritt unserer Reise waren.«

Ich war verblüfft über die einfache Wahrheit ihrer Behauptung. Doch es überlief mich ein kalter Schauer bei dem Gedanken, dass Michael und ich uns immer mehr auseinander lebten und dass meine ständigen Reisen dabei eine Rolle spielten. Ich dachte an mehrere spirituelle Lehrer, die ich getroffen hatte und deren Reise- und Vortragstermine ihnen nicht viel Zeit für andere Dinge ließen. Bei manchen hatte die Ehe den Belastungen langer Trennungen und Reisen widerstanden, doch ich hatte auch miterlebt, wie einige der Ehen meiner Freunde auseinander brachen.

In jener Nacht alleine in meinem Hotelzimmer betete ich: »Lieber Gott, ich weiß, dass Du einen Plan für mein Liebesleben hast. Ich weiß, dass Du mich rückhaltlos bei allem unterstützt, damit ich meine Mission erfüllen kann. Ich bin Dir dankbar für all Deine Hilfe und ich nehme sie jetzt an. Du weißt, dass ich mir eine intensive Liebe in meinem Leben wünsche und dass ich gerne mit einem spirituell ausgerichteten Partner zusammen wäre. Falls es Deinem Plan entspricht, dass Michael und ich zusammen sind, dann hilf uns, unsere Ehe zu heilen. Und wenn nicht, dann lass mich das bitte deutlich erkennen. Danke.«

KAPITEL 6

Inkarnierte Elementarwesen

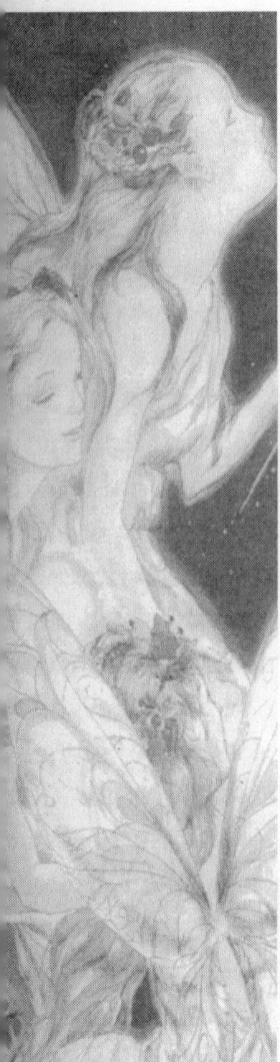

Mein Flugzeug landete früh am nächsten Morgen auf dem John Wayne Airport in Orange County, eine halbe Stunde südlich von Los Angeles. Während ich mein Gepäck im Auto verstaute, verspürte ich das dringende Bedürfnis nach einem Spaziergang in der Natur. Ich hatte an diesem Wochenende zu viel Zeit unter künstlichem Licht verbracht und zu viel verbrauchte Hotelluft geatmet.

Also fuhr ich zum Strand, um mich zu erholen und weil ich hoffte, ein paar klare Anweisungen von meinen Feenfreunden zu erhalten. Ich legte meinen Pullover als behelfsmäßiges Strandtuch auf eine Sanddüne und streckte mich darauf aus. Mein Körper fühlte sich schwer an und ich wusste, dass die Feen wieder einmal eine ihrer Reinigungsaktionen an mir vornehmen würden. Wellen von Energie lösten sich von meinen Beinen, meinem Rücken, meinen Schultern und meinem Kopf.

Ich fühlte mich wie gelähmt, doch eigenartig friedlich angesichts der Tatsache, dass eine unsichtbare Kraft mich niederhielt. Die Feen behandelten mich mit solch sanfter Liebe, dass ich ihnen rückhaltlos vertraute. Ich stieß einen tiefen Seufzer aus, schloss die Augen und gab mich ganz dem Moment hin.

Da bemerkte ich ein kleines Mädchen, das in den Wellen nahe beim Ufer spielte. Ihr karottenfarbenes Haar hüpfte auf und nieder, während sie durch die Brandung sprang. Ich sah kleine, funkelnde Lichter, die um ihre Schultern tanzten, und drehte mich ein wenig, um einen besseren Blick auf die Wesen zu erhaschen, die sich in ihrer unmittelbaren Nähe befanden. Plötzlich stockte mir beinahe der Atem: »Sie hat Feen als Schutzengel!«

Ich starrte sie an, völlig überwältigt von der Erkenntnis, dass Feen diese Funktion übernehmen konnten. Bis zu diesem Augenblick war ich davon ausgegangen, dass alle Menschen die gleichen Beschützer hatten: Engel, verstorbene Verwandte oder beides. Mir war nicht klar gewesen, dass es eine dritte Möglichkeit gibt. Während ich das Mädchen beobachtete, spürte ich, wie sich eine Schar kleiner Wesen – die Feen – über meiner rechten Schulter versammelte.

»Ja«, flüsterten sie mir einstimmig ins Ohr, *»du hast die nächste Ebene der Wahrheit über geistige Führer entdeckt. Und du bist dabei, noch so viel mehr zu lernen.«*

Ich fühlte mich ein wenig eingeschüchtert, so als ob die Feen mit der Tatsache protzten, dass sie meine Zukunft kannten. *Was denn?*, bedrängte ich sie im Stillen.

Wenn ihr wisst, was ich in Zukunft lernen werde, warum könnt ihr es mir nicht einfach jetzt schon sagen?

»Du musst zuerst bereit dafür sein.«

Okay, jetzt nehmen mich die Feen auf den Arm, dachte ich.

Von Feen umgeben

»Ich möchte wissen, warum das Mädchen dort drüben Feen anstatt Engel um sich hat.« Die Worte klangen mir in den Ohren, nachdem ich sie laut geäußert hatte, und machten mir bewusst, dass ich mich ziemlich autoritär anhörte. Ich besänftigte meine Energie und spürte, dass die Feen entsprechend reagierten. Sie wussten, dass ich nur Informationen wollte und nicht etwa auf einen Machtkampf aus war.

»Du hast doch schon oft den Ausdruck ›Gleiches zieht Gleiches an‹ verwendet«, erklärten die Feen mir. Dabei hörten sie sich an wie ein einziges Wesen, direkt an mein rechtes Ohr geschmiegt. Diese Stimme entsprang einem kollektiven Bewusstsein, wie bei einem Bienenschwarm, der einen einheitlichen Summton von sich gibt. Bei ihren Worten durchlief mich ein leichtes Beben und ich erkannte, dass die Feen mich schon seit einiger Zeit beobachtet hatten. Offensichtlich befand ich mich auf einem Präsentierteller, sodass der ganze Himmel mich beobachten und seine Kommentare über mich abgeben konnte!

Ja, erwiderte ich innerlich, *wir ziehen Personen und Erlebnisse an, die unserem Denk- und Gefühlsmuster entspre-*

chen. Wenn wir zum Beispiel negativ denken, tendieren wir dazu, negative Umstände und pessimistische Menschen in unser Leben zu bringen.

»*Genau!*«, antwortete die Stimme. »*Und in ähnlicher Weise ziehst du die Wesen der geistigen Welt an, die zu deinen Gedanken und Gefühlen passen. Das rothaarige Mädchen in der Brandung hat viele Feen als ihre Führer angezogen, weil sie die gleichen Interessen und Aufgaben hat wie sie. Wir Feen kümmern uns in erster Linie um Umweltprobleme, doch wir wissen auch um die Wichtigkeit sinnvollen Spiels als Möglichkeit, die Seele zu klären und zu energetisieren.*

Die Lebensaufgabe dieses Mädchens besteht darin, bei der Lösung von Umweltproblemen zu helfen, vor allem im Bereich der Meeresflora und -fauna. Sie wird Meeresbiologie studieren und eine einflussreiche Anwältin für die Interessen der Wale und die Sauberkeit des Ozeans werden. Wir beschützen und führen sie, um sicherzugehen, dass sie nicht von ihrem Weg abkommt, da wir verzweifelt die Hilfe von Menschen wie ihr brauchen.«

Ich beobachtete die ätherische Schönheit und die grazilen Bewegungen des Mädchens, als ihr gertenschlanker Körper anmutig die Brandung entlangtanzte. *Sie sieht sogar aus wie eine Fee!*, kommentierte ich innerlich.

»*Ja, genau!*«, erwiderten sie.

Genau was?, fragte ich.

»*Sie sieht aus wie eine Fee, weil sie eine ist!*«

Ich hörte kicherndes Lachen und nahm an, dass die Feen sich einen Scherz mit mir erlaubten. Sie mussten meine Reaktion beobachtet haben, da sie in einem ernsteren Tonfall fortfuhren: *»Du bist aus gutem Grund in der Gesellschaft vieler inkarnierter Elementarwesen.«*

Reinkarnierter Elementarwesen?

»Nein, inkarnierter Elementarwesen. Viele Menschen sind in Wahrheit Mitglieder unserer Kultur, inkarniert in menschlichen Körpern. Bitte begreife doch: Die Seelen aller Lebewesen – ob es sich nun um eine Fee, einen Menschen, einen Engel oder ein Tier handelt – sehen gleich aus. Die Seele ist ein Funke des göttlichen weißen Lichts, unabhängig von der physischen Hülle, die sie umgibt.

Doch jeder Lichtfunke verbringt seine Lebenszeit an einem anderen Ort. Manche Seelen wählen den Planeten Erde, während andere Seelen eine andere physische oder nichtphysische Örtlichkeit bevorzugen. Die Energie jenes Ortes prägt sich schließlich dem Energiekörper ein, der jede Seele umgibt – dem, was ihr die ›Aura‹ nennt.

Die Seele übernimmt also die Formen und Eigenschaften, die der Örtlichkeit angemessen sind, in der die Seele normalerweise lebt. Das ist der Grund, warum das rothaarige Mädchen wie eine Fee aussieht und agiert. Es liegt daran, dass sie viele Inkarnationen als Fee auf der Ebene der Feen verbracht hat. Als sie sich entschied, in diesem Leben als Mensch zu inkarnieren, gestaltete ihr Energiekörper ihren physischen Körper in einer feenähnliche Form.«

In meinem Kopf drehte sich alles, doch mein Herz und mein Bauch sagten mir, dass die Feen die Wahrheit sprachen. *Natürlich!*, dachte ich. *Feen, die in menschlicher Gestalt inkarnieren, können mehr Kontrolle über Umweltangelegenheiten ausüben. Sie können sehr starke Fürsprecher für Natur und Tiere werden, da dies doch das Hauptanliegen der Feen ist.*

Ich ging hinüber zu einem Granitfelsen, während sich die Gedanken in meinem Kopf angesichts der Implikationen inkarnierter Elementarwesen in menschlicher Form fast überschlugen. Ich fand einen sonnenbeschienenen, flachen Fels mit einem angrenzenden Stein, der als Lehne dienen konnte, und kuschelte mich in seine Wärme. Möwen und Pelikane folgten einem Fischerboot nahe der Küste und bettelten lauthals um Fischstücke. Ich fragte mich, welche Art von Schutzengeln wohl den Seevögeln zugeteilt sind, und einen Augenblick später »sah« ich die Antwort. Wieder einmal hatte eine innerlich gestellte Frage dazu geführt, dass ich neue Informationen empfing.

Um jeden Meeresvogel herum nahm ich zarte, grauweiße Wesen wahr, die anders aussahen als alle Schutzengel oder Feen, die ich bisher gesehen hatte. Sie hatten keine Flügel und offensichtlich auch keine Arme, oder vielleicht waren ihre Arme auch flach an die Seite gepresst. Sie waren ungefähr acht Zentimeter lang und wirkten wie lang gestreckte Torsos mit kleinen Köpfen.

»Sie werden ›Wassergeister‹ genannt«, unterbrachen die Feen meine Gedanken.

Ich beobachtete die Sonnenanbeter um mich herum, die auf ihren Strandtüchern lagen, und einen Moment lang beneidete ich sie, dass sie sich einfach so entspannen und den Strand genießen konnten. Im Gegensatz dazu schien meine Zeit vollständig irgendwelchen sokratischen Dialogen mit Feen gewidmet zu sein. Wurde mir denn kein Privatleben zugestanden? Keine Erholungspause wegen guten Betragens?

»Die Wassergeister sind unsere Kusinen«, fuhren die Feen fort, ohne meine Irritation aufgrund ihres Eindringens in meine Gedanken zu beachten. *»Ihre Rolle im Reich der Elementarwesen ist es, über alle Gewässer, einschließlich Seen, Flüsse, Bäche, Teiche und den Ozean, zu wachen. Sie agieren als ›Schutzengel‹ für alle Tiere, Fische und Vögel, die in der Nähe des Wassers oder darin leben. Wassergeister sind sehr wichtige Mitglieder unseres Klans und Menschen, denen das Element Wasser am Herzen liegt, können ihren Segen und ihre Unterstützung an diese Wassergeister senden.«*

Die wunderschönen Worte und die sanfte Energie der Feen besänftigten meinen Ärger darüber, dass ich mich wie ein Fisch im Aquarium fühlte, mit Engeln und Feen, die in meine privaten Gedanken eindrangen.

»Wir verstehen dich, Doreen«, sagten sie darauf mit einer kraftvollen Betonung, die mir einen Moment lang den Atem verschlug.

Was verstehen sie über mich?, wunderte ich mich.

»Wir arbeiten mit dem Erzengel Michael zusammen, der die Aufsicht über alle Lichtarbeiter hat, und er hat uns gebeten, dir einige wichtige Informationen zu übermitteln, damit du sie an die Personen weitergeben kannst, für die sie von Bedeutung sind. Die Betreffenden werden zu deinen Büchern oder Seminaren geführt, manchmal ohne zu wissen, warum, damit du ihnen darüber berichten kannst. Wie du weißt, schließt ein Großteil deiner Arbeit das Unterrichten anderer spiritueller Heiler und Lehrer ein, die ihrerseits die Information an ihre eigenen Klienten oder Schüler weitergeben werden.

Es ist sehr wichtig, dass diese Informationen zu diesem Zeitpunkt in der Geschichte der Menschheit so vielen Menschen wie möglich zugänglich gemacht werden.«

Jetzt war meine Irritation vollständig einem Gefühl der Faszination gewichen. Was würden mich die Feen wohl noch alles lehren?

KAPITEL 7

Das Neue Zeitalter des Friedens

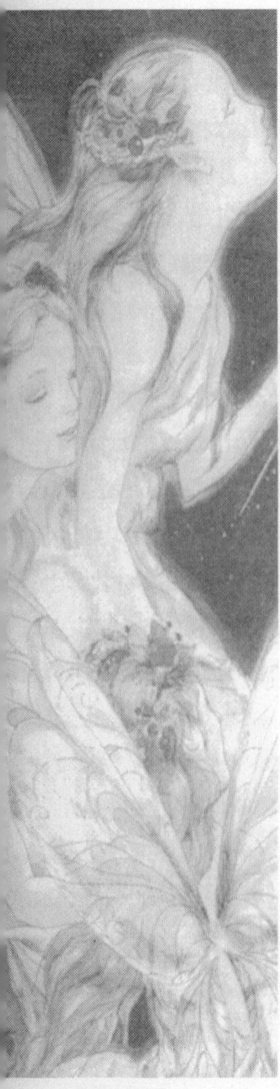

Ich hörte, wie die Feen leise kicherten, und vor meinem geistigen Auge sah ich sie miteinander konferieren. Intuitiv wusste ich, dass sie darüber debattierten, wie sie mir ihre Informationen am besten übermitteln konnten.

»Wir haben das Gefühl, dass du bereit bist, den größten Teil der Wahrheit sofort zu hören«, sagte ihre kollektive Stimme zu mir. Die Stimme war einheitlich, stark und mächtig – doch gleichzeitig auch leise, wie ein eindringliches Flüstern.

»Wir werden einen Teil der Information zurückhalten und stattdessen für Erlebnisse sorgen, die dir die entsprechenden Informationen direkt vermitteln. Wir haben das Gefühl, dass du einiges vielleicht nicht glauben würdest, wenn wir es dir einfach nur in Worten mitteilen. Wenn du es jedoch selbst erlebst, wirst du ein tieferes Verständnis für das haben, was du andere lehren sollst.«

Einverstanden, antwortete ich, so als würde ich im Rahmen einer Vertragsverhandlung den Feen die Hände schütteln. *Ich werde mich melden, wenn ich etwas von dem, was ihr mich lehrt, nicht verstehen sollte.*

»Wir wissen, dass du das tun wirst, Doreen«, erwiderten sie liebevoll mit ihrer kollektiven Stimme. *»Das ist der Grund, warum du so viele Informationen von uns empfängst: weil du offen dafür bist und weil du uns ein ehrliches Feedback gibst, wenn du etwas nicht verstehst. Außerdem hast du großen Mut gezeigt, indem du öffentlich deine Wahrheit verkündet hast.«*

Nun, ich habe das Gefühl, dass ich noch viel mehr zu lernen und auch zu lehren habe, aber dennoch vielen Dank, antwortete ich innerlich.

»Ja, und wir werden dir helfen, sehr bald ein noch größeres Publikum zu erreichen«, fuhren sie fort. *»Diese Lehren* müssen *so schnell wie möglich so viele Menschen wie möglich erreichen.«*

Ich bin offen dafür und sehr neugierig, was ihr mich lehren wollt, ließ ich sie wissen. *Wann fangen wir an?*

Botschaften für Lichtarbeiter

»Wir beginnen jetzt gleich«, erklärten die Feen, *»doch zuerst müssen wir deinen Körper darauf vorbereiten, diese Botschaften zu empfangen, da du diese Informationen in deinem tiefsten Inneren bereits kennst. Also hole bitte ganz tief Luft und dann atme lagsam und vollständig wieder aus. Atme weiterhin langsam und tief, während du dir unsere Lehren anhörst. Der Atem wird dazu beitragen, die Informationen tief in deine Zellen sinken zu lassen, damit dein Körper sie als neue Programmierung aufnehmen kann. Das wird dein Lernen be-*

schleunigen und den Zeitaufwand zur Integration dieser Informationen verringern.

Anstatt dich nur zu informieren, helfen wir dir, dich daran zu erinnern, was du bereits vor dieser Inkarnation gelernt hast. Dabei handelt es sich um eine tief sitzende Programmierung, mit der du einverstanden warst und der du vor dieser Inkarnation zugestimmt hast, um dir zu helfen, dich an deine Lebensaufgabe zu erinnern und sie zu erfüllen. Alle Lichtarbeiter haben eine solche Programmierung.

Tief in ihrem Innern haben die Lichtarbeiter ein Gespür für die Dringlichkeit der Zeit. Dieses Gefühl drängt sie dazu, der Welt auf spirituelle Weise zu helfen, und das sofort. Die meisten Lichtarbeiter sind sich dessen bewusst, dass sie ›anders‹ sind als andere Menschen. Sie sind äußerst sensibel und häufig dafür gehänselt worden, dass sie ›zu empfindlich‹, ›seltsam‹ oder ›neunmalklug‹ seien. Die meisten leiden unter bestimmten typischen körperlichen Symptomen, unter anderem einem periodisch auftretenden Klingeln in einem Ohr.«

Ich habe dieses klingelnde Geräusch in meinem rechten Ohr fast mein ganzes Leben lang gehört!, bestätigte ich. *Was ist das?*

»Dafür gibt es eine zweifache Erklärung: Zunächst ist es ein Ton, der deine Schwingungsebene gegenüber der materiellen Ebene und dem normalen Menschheitsbewusstsein erhöht.«

Wie bitte? Ich bat um weitere Klärung.

»Stell dir eine Nebelschicht über der Erde vor, wobei es sich nicht um Luftverschmutzung, sondern um eine Ansammlung von angstbasierten Gedanken handelt. Diese Schicht besteht aus all dem Ärger, der Wut und der Rachsucht, die die Men-

schen überall empfinden, sowie dem von ›Mangelgedanken‹ hervorgerufenen Stress, der von dem Glauben herrührt, dass es ihnen an dem Geld, der Liebe oder der Zeit mangelt, die sie brauchen. Diese negativen Energien verunreinigen die Aura der Erde. Und ja, du hast Recht, wenn du dich fragst, ob diese Schicht nicht eine nachteilige Wirkung auf jeden einzelnen Menschen auf dem Planeten hat, einschließlich Mutter Erde selbst.

Wenn die Lichtarbeiter in diesem ›Smog‹ des menschlichen Bewusstseins leben müssten, würden sie depressiv werden und wären nicht mehr in der Lage, bei seiner Beseitigung zu helfen. Daher senden die himmlischen Helfer der Lichtarbeiter – einschießlich der Erzengel, Meisterheiler, Lehrer, Elementarwesen und Sternenmenschen – den Betreffenden starke Lichtwellen. Diese Wellen werden in der Regel wie ein sehr hoher Ton, der als ziemlich laut und sogar schmerzhaft empfunden werden kann, in einem Ohr empfangen. Dieser Ton erhöht die Frequenz des Körpers über das normale menschliche Bewusstsein, sodass dem Lichtarbeiter ein Reservoir an Energie und Hoffnung zur Verfügung steht, das ihn oder sie motiviert, zur Lösung der Probleme auf der Welt beizutragen.«

Ja, das erscheint mir durchaus sinnvoll, antwortete ich. *Ihr habt aber erwähnt, dass es für das Klingeln in den Ohren zwei Erklärungen gibt. Was ist der zweite Teil?*

»Das Klingeln resultiert außerdem aus einem ›Runterladen‹ – wie ihr es heutzutage nennt – von Informationen. Man kann dies mit dem Modem eines Computers vergleichen, das ein ähnliches Geräusch macht, wenn es verbunden wird. Wir senden dir aktuelle Informationen, die mit deiner Mission als Lichtarbeiter zu tun haben. Ein großer Teil dieser Informa-

tionen beruht auf vierdimensionalen Lehren; daher wäre es nicht sinnvoll, wenn wir euch auf normalem Weg davon in Kenntnis setzen würden. Stattdessen umgehen wir den Intellekt und senden die Informationen unmittelbar in euer Unterbewusstsein und euer Herz-Chakra. Auf diese Weise werden diese neuen Programmierungen in eure Alltagsgedanken und euer Verhalten integriert.«

Oh, das klingt ja sehr nach geistiger Manipulation!, protestierte ich. (Ich war schon immer eine Freiheitskämpferin gewesen.) Diese Information erinnerte mich an einen schlechten Sciencefictionfilm. Darüber hinaus begann ich mich auf meinem steinernen Stuhl unbequem zu fühlen, also beschloss ich, mich in den Sand zu legen. Natürlich ließen sich die Feen nicht im Geringsten ablenken und setzten ihre Lehren ohne Unterbrechung fort.

»Wir verstehen deine Angst davor, kontrolliert zu werden«, meinten die Feen voller Mitgefühl. *»Wir verstehen auch die Ängste des menschlichen Egos. Das Ego möchte nicht, dass du dich mit Lichtarbeit beschäftigst, da es will, dass die Erde weiterhin in den Klauen der Angst gefangen bleibt.«*

Warum sollte das Ego das wollen? Ich war verblüfft.

»Weil das Ego zu hundert Prozent aus Angst besteht! Wenn du deine Angst verlierst, dann hat das Ego seine Lebenskraft verloren. Wenn du anderen Menschen hilfst, ihre Angst zu verlieren, dann hat das Ego seine Basis der Macht in der menschlichen Rasse verloren. Daher wird das Ego alles tun, um dich von deiner Mission abzulenken und dafür zu sorgen, dass du Angst hast und dich machtlos fühlst.

Doch bitte verstehe, dass ihr Lichtarbeiter mit uns himmlischen Mächten einen Vertrag habt, damit wir euch kontinuier-

lich an eure Mission erinnern. Du wusstest, bevor du dich inkarniert hast, dass du gelegentlich von deinem Weg abweichen würdest. Du batest uns, dich während solcher Zeiten anzustupsen. Also vergewaltigen wir nicht euren freien Willen; wir erfüllen lediglich unseren Vertrag mit euch Lichtarbeitern.«

Tief in meinem Herzen wusste ich um die Wahrheit ihrer Aussagen, also hörte ich mit offenem Geist zu, als die Feen fortfuhren.

»Die Lichtarbeiter haben sich bewusst während dieser Zeit wichtiger Veränderungen in der Menschheit inkarniert. Unter der aufmerksamen Führung des Erzengels Michael befreit ihr die Welt von den Auswirkungen der Angst und helft das Ausmaß an Angst und negativer Energie zu reduzieren, das in die Erdatmosphäre gelangt. Ihr Lichtarbeiter habt eine besonders wichtige Mission, die darin besteht, zunächst eure eigene Angst aufzulösen und dann anderen Menschen zu zeigen, wie sie das Gleiche tun können.«

Wir machen wir das?, fragte ich mich. *Das klingt ja nach einem ziemlich ehrgeizigen Unterfangen!* Ich fühlte mich ein wenig überwätigt.

Wahrheit und Telepathie

»Oh, ihr habt jede Menge Unterstützung, die die Macht jeglicher Angst bei weitem übertrifft«, versicherten mir die Feen. *»Und die zunehmende Zahl von Menschen, die regelmäßig beten und meditieren, hat mit Sicherheit geholfen. Die Angst wird den Planeten verlassen, wenn ihr zu einer telepathischen Lebensweise zurückkehrt.«*

Wie bitte?

»Zu einer anderen Zeit, an einem Ort namens Lemurien, waren die Menschen nicht auf das gesprochene oder geschriebene Wort angewiesen, um miteinander zu kommunizieren. Jeglicher Austausch geschah von Geist zu Geist. Man dachte einen Gedanken und ein anderer empfing ihn, vergleichbar mit einer verbalen Konversation, wie sie heutzutage üblich ist. Lemurien war von Frieden erfüllt und wahrhaft ein Modell des Gartens Eden, an das sich viele von euch Lichtarbeitern auf einer tiefen, unbewussten Ebene erinnern. Teil der treibenden Motivation für Lichtarbeiter ist der Wunsch, zu solch einem Paradies auf Erden zurückzukehren.

In Lemurien fand jegliche Kommunikation telepathisch statt. Selbst heute ist jeder Mensch zur Telepathie fähig, doch die meisten Menschen verleugnen diese Impulse. Entweder blocken sie alles bewusste Wissen um ihre außersinnlichen Eindrücke ab oder sie reden sich ein, dass es sich dabei nur um Einbildung handelt. Anstatt sich auf ihre innere Wahrheit zu verlassen, berufen sie sich auf äußere Quellen. Das führt zu der Illusion von Mangel, da es den Anschein hat, als müsste man sich nach außen wenden, um seine Bedürfnisse zu erfüllen.

Wenn die Menschen nur die kostbaren Schätze entdecken würden, die in ihrem Inneren schlummern, mit ihrem unendlichen Vorrat an materiellem und spirituellem Reichtum, wären sie ein für alle Mal von jeglicher Angst befreit. Wenn die Menschen sich gestatten würden, all die Engel und Geistwesen wahrzunehmen, von denen sie umgeben sind, würden sie sich nie mehr allein und ohne Freunde fühlen. Wenn die Menschen keine Angst hätten, ihre geliebten Verstorbenen zu sehen, würden sie sofort alle Furcht vor dem Tod verlieren.

Deine Rolle ist es, überall Kurse für telepathische Entwicklung anzubieten. Unterrichte so viele Menschen wie möglich über die Macht ihres telepathischen Geistes. Viele deiner Schüler sowie andere Lehrer werden diese Informationen ebenfalls weitergeben. Du musst dich niemals vor deiner Mission fürchten oder sie anzweifeln. Du und alle anderen Lichtarbeiter werden jetzt dringend gebraucht.«

Ja, ich glaube, ich verstehe. Doch bitte sagt mir: Warum ist es so wichtig, die Entwicklung außersinnlicher Fähigkeiten zu lehren?, fragte ich.

»Damit die Menschen sich von ihrem Mangeldenken befreien können, müssen sie anfangen, sich auf ihren telepathischen Geist zu verlassen. Denn wenn sie ihrer inneren Führung folgen, werden alle ihre physischen und emotionalen Bedürfnsse automatisch erfüllt. Und hier ist einer der wichtigsten Faktoren: Wenn die Menschen zu telepathischer Kommunikation zurückkehren, wird die Unehrlichkeit von der Erde verschwinden.«

Wie das?, wollte ich wissen.

»Der einzige Grund, warum Lügen nicht entdeckt werden, ist der, dass die Menschen ihr Gefühl unterdrücken, das ihnen sagt, dass ›etwas faul ist‹. Wenn sie ihre telepathischen Fähigkeiten wieder entdecken, werden sie dieses innere Warnsystem nicht mehr ignorieren. Dann werden sie Lügen und Halbwahrheiten sehr bald nicht mehr tolerieren. Genauso, wie ihr vor den Bewohnern der geistigen Welt – wie zum Beispiel uns – nichts verbergen könnt, so werden dann auch für euch alle Unwahrheiten offen liegen.

Die jungen Menschen, die ihr ›Indigo-Kinder‹ nennt, sind sich dieser Fähigkeit bereits bewusst und wenden sie an. Sie haben innere Detektoren, die jede Unwahrheit auf Anhieb erkennen können. Da sie täglich mit vielen Unwahrheiten bombardiert werden, besteht die Gefahr, dass ihr System überfordert wird. Das ist der Moment, in dem diese Kinder ihren Protest ausagieren und dabei zuweilen aggressiv werden.«

Das ist sehr einleuchtend, erwiderte ich. *Wenn die Menschen aber nicht länger lügen, was passiert dann mit den vielen Institutionen und Systemen, die auf Lügen oder Halbwahrheiten aufgebaut sind? Was wird mit der Regierung geschehen, den Medien, den juristischen, erzieherischen, medizinischen und sonstigen Systemen?*

»Die Engel arbeiten mit Mitgliedern dieser Systeme, um zu versuchen, sie von innen her zu heilen. Viele Lichtarbeiter sind im Geheimen als Arbeitnehmer innerhalb dieser Systeme tätig. Außerdem arbeitet die geistige Welt nachts mit Menschen, die in diesen Systemen tätig sind, und versucht sie in ihren Träumen dazu zu bringen, sowohl zu Hause als auch bei der Arbeit ihre Integrität zu bewahren.«

Und wenn sie nicht darauf hören?, fragte ich.

»Dann kann es sein, dass diese Systeme ganz plötzlich zusammenbrechen. Wenn das passiert, bleibt die Rolle der Lichtarbeiter nach wie vor dieselbe: den Menschen zu helfen, keine Angst zu haben. Deine Rolle ist es insbesondere, den Lichtarbeitern zu helfen, keine Angst zu haben. Wenn Lichtarbeiter sich fürchten oder angstvolle Gedanken haben, kann der Erzengel Michael nicht klar mit ihnen kommunizieren. Für seine Arbeit ist es wichtig, dass die Lichtarbeiter klare Kanäle der Kommunikation aufweisen, damit er ihnen spezifische Anleitungen für ihre jeweilige Aufgabe im übergeordneten Plan übermitteln kann.

Wir brauchen dich, um die Lichtarbeiter zu lehren, wie sie liebevolle anstatt furchtsame Gedanken wählen können. Bringe ihnen bei, wie sie ihre übersinnlichen Fähigkeiten entwickeln können, und hilf ihnen, ihrer inneren Führung zu vertrauen. Lass sie wissen, dass es nicht verrückt ist, auf die Stimme des Himmels zu hören. Wenn du dies tust, wird der Erzengel Michael es leichter haben, mit seinen ›Truppen‹ von Lichtarbeitern zu kommunizieren.«

Und was haben die Feen mit dem Erzengel Michael zu tun?, wollte ich wissen.

»Wir arbeiten für ihn, wie du auch. Ein Grund, warum wir den Lichtarbeitern helfen, ist unser gemeinsames Interesse daran, den Smoggürtel des Massenbewusstseins zu beseitigen, der den Planeten Erde umgibt. Da wir in erster Linie an Umweltbelangen interessiert sind, ist es unser dringlichstes Anliegen, diesen geistigen Smog zu entfernen. Er erstickt Mutter Erde und verseucht alle ihre Bewohner, von Pflanzen und Steinen bis hin zu Tieren und Menschen.«

KAPITEL 8

Libellen und Delphine

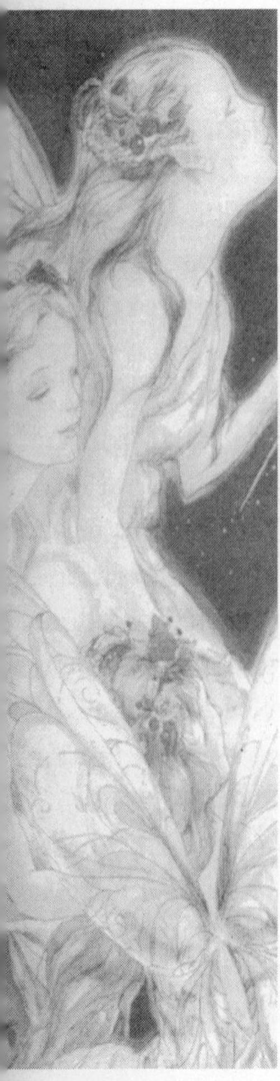

Die folgenden Monate waren eine einzige Folge von Flügen und Seminaren, als ich die mir übermittelten »Anweisungen« befolgte und so viele Menschen wie möglich in der Entwicklung übersinnlicher Fähigkeiten und in »Engeltherapie« unterrichtete. Ich gab ein- und zweitägige Kurse und leitete außerdem ein sechstägiges Seminar, das mit einem Zertifikat als spiritueller Berater abschloss.

Ein Wochenende verbrachte ich in Virginia Beach, um dieses Seminar zu geben. Dies war mein dritter Aufenthalt an dem magischen Ort, an dem Edgar Cayce seine *Association for Research and Enlightenment* (»Gesellschaft für Forschung und Erleuchtung«) ins Leben gerufen hatte. Am Samstagnachmittag hatte ich Zeit für einen Spaziergang am Strand. Während ich über den weißen Sand schlenderte und dankbar den Sonnenschein und die salzige Luft genoss, zogen ein paar ungewöhnliche Bewegungen im Meer meine Aufmerksamkeit auf sich.

»Oh!«, rief ich aus, als schlanke graue Delphine sich elegant aus den Wellen erhoben und wieder in ihnen untertauchten. Ihre exquisite Anmut bewegte mich – es war, als würde man Ballerinen beim Tanz zuschauen. Innerlich rief ich die Delphine an und ging schneller, um mit ihnen Schritt zu halten, als sie parallel zum Ufer dahinschwammen. *Bitte kommt näher heran, damit ich mit euch schwimmen kann!*, flehte ich sie an.

Ich überlegte, ob ich zu ihnen hinausschwimmen sollte, musste jedoch einsehen, dass sie ein wenig zu weit entfernt waren, um sie problemlos zu erreichen. Sie kamen nicht näher zu mir, doch fühlte ich ein warmes Aufwallen in meinem Herzen. Ich hatte mich soeben in diese Delphine verliebt.

Im darauf folgenden Monat unterrichtete ich in New York eine andere Gruppe von Schülern, die den Zertifikatkurs machten. Wie der Erzengel Michael prophezeit hatte, machte es mir viel Spaß, Kurse zur Entwicklung übersinnlicher Fähigkeiten zu leiten. Ich schien ein Talent dafür zu besitzen, esoterische Konzepte leicht verständlich zu erklären, und die Mehrheit meiner Schüler entwickelte in kurzer Zeit eine außerordentlich starke Hellsichtigkeit.

Begegnung mit inkarnierten Elementarwesen

Am Sonntagabend saß ich mit Patricia, einer meiner Schülerinnen, auf dem LaGuardia Airport in New York. Wir warteten auf unseren Flug. Als wir in der Schlange vor dem Check-in-Schalter standen, erzählte sie mir von ihrer Ambivalenz bezüglich ihres gegenwärtigen Jobs bei einem Finanzunternehmen in Chicago. »Ich bin mir nicht sicher, ob ich früher in den Ruhestand gehen oder lieber noch etwas bleiben soll, damit ich mehr Rente bekomme«, meinte Patricia eben. Und im nächsten Moment rief sie aus: »Oh, wow! Schau dir das an!«

Sie zeigte auf einen Mann, der ein T-Shirt mit dem Namenszug von Patricias Arbeitgeber trug. Unter dem Logo stand in riesigen Buchstaben *Carpe Diem*, was so viel heißt wie »Genieße den Tag«.

Patricia staunte: »Ich arbeite seit vielen Jahren bei dieser Firma und habe noch nie dieses T-Shirt gesehen! Das ist ein Zeichen; ich weiß, dass es ein Zeichen ist. Warum würde ich sonst ein T-Shirt mit dem Logo meiner Firma hier in New York sehen, wenn es diese Firma nur in Chicago gibt? Und dazu steht auch noch darauf ›Genieße den Tag‹! Keine Frage, ich soll frühzeitig in den Ruhestand gehen und mein Leben genießen.«

Als Patricia und ich diese verblüffende Synchronizität diskutierten, bemerkten wir beide gleichzeitig einen sehr alt aussehenden Mann, der an uns vorbeiging. Er war bekleidet mit einem dunkelbraunen Leinenhemd, das in der Taille mit einem Strick zusammengehalten war, und trug einen hohen, spitzen weißen Hut mit nach unten gebogener Krempe. In seinem rötlichen, keltisch wirkenden Gesicht dominierte eine spitze rote Nase.

»Sieht er nicht aus wie …?«, zischte Patricia.

»Ja, wie ein Gnom!«, antwortete ich aufgeregt.

»O Gott! Er sieht mehr wie ein Gnom aus als jede Statue oder jedes Bild, das ich je gesehen habe.« Patricia war fassungslos. Sie schaute mich an und fragte: »Passieren dir solche Sachen ständig?«

»Ziemlich oft«, meinte ich lächelnd. »Ich werde zu ihm hinübergehen und mit ihm reden. Ich wette, er ist ein interessanter Typ.«

Etwas nervös war ich schon, als ich zu dem Mann ging, um mit ihm zu sprechen. Anfangs war er zurückhaltend und nicht besonders zugänglich. Doch mit sanfter Hartnäckigkeit zog ich ihn ins Gespräch und erfuhr schließlich, dass er einem religiösen Orden angehörte und ein Kinderheim leitete. Es schien ihm zunehmend Freude zu machen, mir von sich zu erzählen, und ich hörte zu, ohne seinen Gedankenfluss zu unterbrechen.

Dann entschuldigte der Mann sich, um auf die Toilette zu gehen, und wir sahen ihn nicht wieder, obwohl wir erst dreißig Minuten später an Bord gingen. War er ein kurzzeitig inkarniertes Elementarwesen und nur geschickt worden, um mir ein Beispiel zu zeigen? Patricia war sofort von seiner Authentizität überzeugt, und nachdem ich ein wenig Zeit mit diesem liebenswürdigen Mann verbracht hatte, ging es mir nicht anders.

Einen Monat später war ich zurück in Virginia und leitete ein Seminar zusammen mit Nick Bunick. Nick ist ein Unternehmer aus Oregon, der seine Verbindung zu Jesus (in einem früheren Leben) entdeckt und in einem Buch beschrieben hatte. Am Abend vor unserem Seminar aßen Nick und ich mit mehreren anderen in einem Restaurant zu Abend. Unter unseren Begleitern waren einige Absolventen meines sechstägigen Trainingsprogramms für spirituelle Berater. Wir waren alle in Gespräche vertieft, als ein Mann das Restaurant betrat, der unsere Blicke auf sich zog. Er trug grüne Hosen und ein grün bedrucktes Hemd, und obwohl man ihn eigentlich nicht als groß bezeichnen konnte, machte sein schlaksiger Körper doch einen hoch gewachsenen Eindruck. Er bewegte sich sehr elastisch und setzte sich in einer Haltung an seinen Tisch, die anzeigte, dass er alleine essen würde.

»O mein Gott!«, platzte eine der Absolventinnen heraus. »Der Mann ist über und über mit Kobolden bedeckt!«

Ich schaute hinüber und sah, dass tatsächlich Dutzende kleiner Kobolde emsig um den Mann herumhuschten. Sie waren überaus aktiv und mit allem möglichen Unfug beschäftigt und diejenigen unter uns, die hellsichtig waren, beobachteten fasziniert das Geschehen.

»Schaut, zwei der Kobolde stecken gerade ihre Nase in das Glas mit dem Brandy!«, kommentierte eine der Schülerinnen.

»O nein, einer ist in den Brandy gefallen!«, entfuhr es einer anderen.

»Und schaut euch die anderen Kobolde an – sie gucken der Kellnerin unter den Rock!«, lachte ein weiterer Schüler.

Wir alle kicherten über die Scherze der Kobolde, die den Mann umgaben. Dieser schien sich all dieser Aktivitäten überhaupt nicht bewusst zu sein.

»Habt ihr gemerkt, dass der Mann selbst auch wie ein Kobold aussieht?«, fragte ich, da ich mich an die Lektion der Feen über inkarnierte Elementarwesen erinnerte.

»Ja, du hast Recht. Er sieht tatsächlich aus wie ein Kobold!«, stimmte mir eine Schülerin zu.

Ich machte mir eine geistige Notiz, die Feen um mehr Informationen über inkarnierte Elementarwesen zu bitten. Nach dem Anblick eines »Gnoms« in LaGuardia und jetzt eines »Kobolds« in Virginia war ich geneigt, alle Skepsis in dieser Angelegenheit abzulegen.

Klänge von Heilung und Frieden

Am nächsten Tag spazierte ich zu einer sumpfigen Gegend in der Nähe des Konferenzhotels, um ein wenig allein zu sein. Neben einem blauschwarzen Teich bemerkte ich Libellen, die zwischen den Seerosenblättern und Fröschen hin und her flitzten. Majestätische Weiden bildeten einen perfekten Hintergrund für diese liebliche Szene und ich empfand tiefen Frieden und Liebe, als ich mich setzte und die Feen anrief mit der Bitte, mir mehr über die Natur der inkarnierten Elementarwesen zu erzählen.

»Viele Lichtarbeiter, die in menschlicher Gestalt unter uns weilen, sind in Wahrheit nicht menschlichen Ursprungs«, hörte ich eine leicht hallende Stimme sagen. Ich schaute hinüber zu dem Teich und fast wollte es mir erscheinen, als käme die Stimme von einer riesigen Libelle.

Die Feen lasen natürlich wieder einmal meine Gedanken und erklärten: *»Unsere Stimmen kommen nicht wirklich von der Libelle, doch wir wollten dir ein anderes Beispiel für ein inkarniertes Elementarwesen geben. Libellen und Frösche gehören zu unserem Reich und sie helfen, den*

Stress von Mutter Erde umzuwandeln. Ein Grund, warum Frösche so oft in Märchen vorkommen, ist der, dass das menschliche Herz die Magie des Elementarreiches in ihnen erkennt.

Frösche, die in hautnahem Kontakt mit der Erde und dem Wasser leben, absorbieren viel der dichtesten und härtesten Energie, und doch weisen sie keine Zeichen von Stress, Angst oder Wut auf. Sie bleiben ruhig, weil sie wissen, dass ihre Mission darin besteht, mit ihren tiefen Baritonstimmen Stress abzuwenden. Ihre Töne verwandeln sowohl den Stress ihrer eigenen Körper als auch den der Erde und der Gewässer, die sie bewohnen. Die Libellen arbeiten mit den Fröschen zusammen, vergleichbar winzigen Engeln, die den Fröschen die Last von den Schultern nehmen und sie in die Ätherwelt tragen. Für Menschen ist es daher besonders heilsam, den Klängen der Frösche und Libellen zu lauschen.«

Ich sah zu, wie die Libellen über den Rücken der Frösche kreisten, während diese stetig und ohne Unterbrechung in ihrem gleichmäßigen Rhythmus weiterquakten. Ich staunte, wie sehr die Flügel der Libellen denen der Feen glichen.

»Das liegt daran, dass wir zu demselben Reich gehören«, bemerkten die Feen. Würde ich mich jemals daran gewöhnen, dass alle meine Gedanken der geistigen Welt offen zugänglich waren? Dann fiel mir die Prophezeiung des Erzengels Michael ein, dass wir alle in naher Zukunft telepathisch leben würden, was geheime, unehrliche Gedanken unmöglich machen würde.

»Die mutigsten unter den Feen entscheiden sich dazu, in der physischen Welt zu inkarnieren, sowohl um diese Dimen-

sion zu erleben als auch um tiefgreifenden Einfluss auf den Schutz der Umwelt nehmen zu können.«

Was meint ihr damit?, fragte ich.

»Nun, die meisten Feen sind fröhliche, unbeschwerte Wesen. Wir wissen, wie wir alle unsere Bedürfnisse erfüllen können. Im Grunde genommen holen wir uns alles, was wir brauchen, aus den ätherischen Bereichen. Für uns ist das Leben ein einziges Festgelage.

Wir haben keine Ahnung, warum die Menschen meinen, dass sie die Umwelt zerstören müssen, um ihre Bedürfnisse nach Kleidung, Nahrung und Obdach zu befriedigen. Wissen die Menschen nicht, dass sie mit einem Gedanken alles erschaffen können, was sie brauchen? Offensichtlich nicht, denn wir sehen mit Schrecken, wie Menschen die Umwelt mit Maschinen, Pestiziden und Abfällen verwüsten.

Daher gibt es viele Freiwillige unter den Elementarwesen, die sich auf der physischen Ebene inkarnieren. Diejenigen, die noch nicht bereit sind, die Rolle von Menschen zu übernehmen, kümmern sich um die vermittelnden Aufgaben, die von Fröschen oder Libellen übernommen werden.

In der Regel sind es jene Elementarwesen, die am meisten empört sind über die Missachtung der menschlichen Rasse für die Umwelt, die freiwillig in Menschengestalt inkarnieren. Zunächst müssen sie visualisieren und sich vorstellen, wie es ist, ein Mensch zu sein. Dann müssen sie diese Visualisierung mit einem Kuss besiegeln, wodurch sich ihr Herz in einer sichtbaren Linie nach außen erweitert und eine entsprechende Manifestation ermöglicht. Mit anderen Worten, sie müssen Liebe empfinden, die dieses persönliche Vorhaben umgibt.

Alle Elementarwesen wissen, dass es für sie kein Zurück mehr gibt, wenn dieser Zauber einmal in Gang gesetzt ist. Auf die eine oder andere Weise wird die Manifestation geschehen. Die Feen sorgen sich nicht darum, wie es geschehen wird; sie wissen aber ohne den geringsten Zweifel, dass es geschehen wird.«

Eigenschaften der Elementarwesen

Was passiert, wenn ein Elementarwesen beschlossen hat, in menschlicher Form zu inkarnieren?, wollte ich wissen.

»Ähnlich wie bei einer menschlichen Geburt werden dann die Eltern ausgewählt. Das inkarnierte Elementarwesen wird auf normale menschliche Weise geboren. In der Regel entwickelt das Wesen sogar eine Amnesie bezüglich seines himmlischen Ursprungs. Alles, was sie wissen, ist, dass sie zornig sind auf andere Menschen wegen ihrer Misshandlung von Tieren und Umwelt.

Aus diesem Grund sind viele inkarnierte Elementarwesen ziemliche Rabauken. Sie agieren eine niedrige Aggression aus, den gleichen Zorn, der ihren Wunsch zu inkarnieren überhaupt erst entfacht hat.«

Wie interessant!, bemerkte ich. *Welche anderen Eigenschaften haben inkarnierte Elementarwesen gemeinsam?*

»Die meisten sind keltischer Abstammung oder haben eine keltische Erscheinung«, war die Antwort. *»Eine frische Gesichtsfarbe und rötliches oder helles Haar ist weit verbreitet. Alle Elementarwesen neigen dazu, den Menschen zu misstrauen, da sie ja jahrzehntelang beobachten konnten, wie brutal diese auf die Umwelt einwirken und die Tiere und Pflanzen*

vernichten. Also tendieren wir den Menschen gegenüber zu einer ›Mal sehen was sie tun werden‹-Einstellung.

Alle Elementarwesen – ob inkarniert oder nicht – können spüren, ob ein Mensch sich ehrlich um die Umwelt sorgt, und wir sind diesen Personen gegenüber absolut loyal. Wir versuchen, auch andere Menschen zu lehren, Mutter Natur mit Respekt zu behandeln. Wenn sie das nicht tun, werden wir zornig. Und das ist der Grund, warum die Elementarwesen den Ruf haben, hinterhältig und böse zu sein oder nur Unfug im Sinn zu haben. Wir können einfach unsere Empörung nicht verbergen, wenn wir sehen, wie Menschen die Umwelt verschmutzen oder Tiere misshandeln. Könntest du es?«

Nein, ich bin wie ihr, gab ich zu. *Mich packt auch die Wut, wenn ich Abfall auf der Erde liegen sehe oder über die unglaublichen Brutalitäten lese, die bei der Massentierhaltung an der Tagesordnung sind.*

»Natürlich wirst du wütend. Das geht allen Mitgliedern des Elementarreiches so.«

Mir stockte der Atem. *Wollt ihr damit sagen, dass ich ein inkarniertes Elementarwesen bin?*

»Es ist nicht an uns, dir oder irgendjemand anderem zu sagen, aus welchem Reich er stammt. Doch wir können dir von den verschiedenen Bereichen erzählen, aus denen Lichtarbeiter normalerweise kommen. Dann könnt ihr es selbst entscheiden!«

Mein Kopf schwirrte nur so vor Gedanken und Gefühlen. Sollte ich ein Mitglied dieses magischen Clans sein? War das wirklich möglich? Ich dachte zurück an gewisse Aktionen meiner Kindheit: wie ich in meiner

Grundschule einen Verein gegründet hatte, um Hilfe für die wilden Mustangs zu organisieren, die geschlachtet und misshandelt wurden. Ich hatte sogar, als ich gerade dreizehn war, im örtlichen Sierra-Club eine Rede über die Wildpferde gehalten. Mein Umweltaktivismus passte also durchaus zu der Liste der Eigenschaften von »inkarnierten Elementarwesen«. Und ich bin keltischer Abstammung, mit irischen Genen und rötlich schattiertem Haar. Sogar mein Vorname ist irisch, genau wie bei den meisten meiner Freunde!

»Elementarwesen tendieren dazu, sich zusammenzutun. Eine andere Eigenschaft, die alle Elementarwesen gemeinsam haben, ist ihre Vorliebe für Spiel und Musik. Zudem wählen sie astrologisch in der Regel Erdzeichen.«

Nun, diese drei Charakteristika treffen sicherlich auf mich zu. Doch was meint ihr damit, dass sie ein Erdzeichen wählen?

»Der Geburtsmoment der Seele wird vor der Inkarnation ermittelt, um dem Wesen die größtmögliche Unterstützung für seine Lebensarbeit und Mission zu gewährleisten. Du hast beschlossen, in diesem Leben im Zeichen des Stiers auf die Welt zu kommen, um bodenständig und in enger Verbindung zur Erde zu bleiben. Es ist für dich als spirituelle Lehrerin unbedingt notwendig, dass du erdverbunden bleibst, damit du praktische Botschaften lehren kannst, die im alltäglichen Leben hier auf dem Planeten sinnvoll angewandt werden können.«

Das leuchtet mir ein, antwortete ich. *Doch was ist mit meinem Bedürfnis – der absoluten Notwendigkeit –, in der Nähe des Ozeans zu leben? Ich liebe die Berge und die Wüste, doch ich könnte nie irgendwo leben, wo kein Meer in der Nähe ist.*

»Jedes Elementarwesen wird unterschiedlichen Bereichen des Unterstützungsprogramms für die Erde zugeteilt. Es gibt Elementarwesen, die in den Bergen leben, andere in der Wüste, und dann gibt es wieder andere – wie du –, die einfach in der Nähe eines Meeres oder eines großen Sees leben müssen. Das ist Teil deines Charakters, da es dein Auftrag ist."

Dem Ozean zu helfen?, fragte ich.

»Ja, und seinen Bewohnern. Jeder Lichtarbeiter hat eine bestimmte Aufgabe. Den inkarnierten Elementarwesen obliegt die Sorge für Mutter Natur. Außerdem gibt es auch Lichtarbeiter, die sich aus anderen Reichen inkarniert haben.«

Aus welchen zum Beispiel? Ich hatte inzwischen jeglichen Skeptizismus abgelegt und war zu einem offenen Dialog bereit.

»Wie wir schon gesagt haben, alle Seelen sind im Kern identisch, denn jede ist ein Funke des göttlichen Lichtes. Doch nimmt jede Seele den physischen oder ätherischen Körper an, der für ihre Lebensaufgabe am besten geeignet ist. Wesen mit ähnlichen Eigenschaften und Aufgaben haben die Tendenz, Verbindungen miteinander einzugehen, und wir nennen diese Gruppen ähnlicher Wesen ›Reiche‹. Wir haben uns hier auf die ›Elementarreiche‹ konzentriert, die aus Feen, Elfen, Kobolden, Gnomen, Wassergeistern, Libellen, Fröschen, Baum- und Buschwesen, Meerjungfrauen, Delphinen und Mineralien bestehen. Doch es gibt noch andere Reiche, deren Mitglieder einen menschlichen Körper annehmen, damit sie ein bestimmtes Projekt auf der Erde übernehmen können. Dazu zählen auch die Ebenen der Engel und der Sternenwesen.«

Ich verstehe nicht ganz, erwiderte ich. *Wollt ihr damit sagen, dass es Menschen gibt, die sich aus dem Reich der Engel auf der Erde inkarniert haben?*

»Inkarnierte Engel sind jene Wesen, die eine halb menschliche Gestalt angenommen haben, um von dieser dichten Ebene aus auf die materielle Welt einzuwirken. Einige Engel inkarnieren nur kurzzeitig, um beispielsweise einen Menschen zu retten, der in Lebensgefahr ist. Andere Engel inkarnieren für eine oder mehrere Lebenszeiten.«

Haben sie Eigenschaften, durch die sich auszeichnen, wie es bei den Elementarwesen der Fall ist? Ist es möglich zu erkennen, ob jemand ein inkarnierter Engel ist oder nicht?, fragte ich.

»Aber natürlich. Ebenso wie inkarnierte Feen wie Feen aussehen und inkarnierte Gnome wie Gnome, so sehen inkarnierte Engel auch wie Engel aus. Es sind Männer, Frauen und Kinder von außergewöhnlicher Schönheit, mit einem lieblichen, herzförmigen Gesicht und fein geschwungenen Lippen.

Sie neigen häufig zu einer gewissen körperlichen Fülligkeit oder zu Gewichtsproblemen, da das irdische Umfeld zu den schwierigsten im ganzen galaktischen System gehört. Engel haben die Tendenz, ihren Erdenkörper mit Gewicht zu versehen, um sich einerseits wie mit einer Pufferzone vor der negativen Energie auf dem Planeten zu schützen, und andererseits, weil sie von anderen negative Energien absorbieren, da sie sich normalerweise in Situationen begeben, in denen die Absorption negativer Energie gefördert wird.

Sie werden professionelle Helfer und arbeiten als Krankenschwestern, Lehrer, Stewardessen, Therapeuten und Ähnliches. Selbst wenn sie nicht als Helfer tätig sind, finden sich inkarnierte Engel des Öfteren in der Position des ›Helfers‹. Selbst völlig Fremde schütten inkarnierten Engeln ihr Herz aus, wobei sie sagen: ›Du hast einfach etwas an dir, was mir das Gefühl gibt, dass ich dir vertrauen kann.‹ Natürlich haben sie das! Inkarnierte Engel sehen in jedem das Beste und es gibt einem Menschen ein wunderbares Gefühl, mit einem solchen Wesen zu reden.

Ein Problem der inkarnierten Engel besteht darin, dass ihr Liebesleben oft eine einzige Katastrophe ist, da sie sich in jeden verlieben, der ihnen begegnet. Daher kann es sein, dass Engel Menschen heiraten, die im Grunde als Partner ungeeignet für sie sind, einfach weil sie das Potenzial in diesen Menschen erkennen können und versuchen, sie in ideale Partner zu verwandeln.«

Ihr habt gesagt, dass inkarnierte Elementarwesen normalerweise astrologisch den Erdzeichen angehören. Wie ist es bei den Engeln? Gibt es da ein ähnliches Muster?, wollte ich wissen.

»Sie sind häufig Feuerzeichen«, antworteten die Feen, *»doch haben wir auch schon Engel gesehen, die anderen astrologischen Zeichen angehören. Ein inkarnierter Engel könnte also ebenso ein Erd-, Wasser- oder Luftzeichen sein. Jedoch sind die Luftzeichen in der Regel ›Sternenwesen‹.«*

Das hört sich an, als ob ihr über Außerirdische redet, bemerkte ich.

»Sternenwesen sind tatsächlich ›Außerirdische‹, was bedeutet, dass sie noch nicht oft auf der Erde waren. Viele Ster-

nenwesen sind zum ersten Mal hier und es kann sein, dass sie ihre Seele mit einer Schutzschicht umgeben, indem sie sich aus der Akasha-Chronik die Erinnerungen eines anderen Menschen an vergangene Leben ›ausleihen‹. Auf diese Weise schützen sie ihre Seele vor den Auswirkungen der harten Energie der Erde.«

Ist es wirklich so rau hier auf der Erde?, fragte ich.

»O ja, ohne Frage!«, riefen die Feen aus. *»Du arme Seele, offenbar hast du es tatsächlich vergessen.«*

Vergessen?

»Vor ihrer Inkarnation auf der Erde fühlen sich die meisten Seelen eingeschüchtert, da sie wissen, dass ihnen eine schwierige Erfahrung bevorsteht. Ihre Aufgabe ist es zu lernen, wie die Energie hier durch den Dienst an anderen und bewusste Manifestation gelenkt werden kann, um den Himmel auf Erden zu erschaffen.

Jedoch haben die Sternenwesen von all den Wesenheiten aus unterschiedlichen Reichen vielleicht die meisten Schwierigkeiten mit irdischen Inkarnationen. Dieser Planet ist einer der psychologisch und physisch gewalttätigsten Orte der gesamten Galaxie. Sternenwesen, die hier inkarnieren, verbringen ihr Leben damit, permanent den Kopf zu schütteln und sich zu fragen, wie Menschen so grausam zueinander sein können. Doch das ist genau der Grund, warum sie in menschlicher Gestalt inkarnieren. Ihre Lebensaufgabe ist es, Ärger und Zorn unter den Erdbewohnern zu entschärfen und umzuwandeln, um weiterer Gewalt vorzubeugen, und vor allen Dingen, um einen Atomkrieg, den ultimativen Akt von Gewalt, zu verhindern.

Sternenwesen haben die Aufgabe zu helfen, wo Hilfe gebraucht wird, und liebevoll und freundlich zu handeln, ohne

Anerkennung oder Belohnung zu erwarten. Dadurch beruhigen sie die Menschen in ihrer Umgebung und sorgen für eine Verringerung des Stressniveaus. Sternenwesen wissen um den Schneeballeffekt einer liebevollen Tat und um den wichtigen Einfluss, den segensreiche Handlungen auf den Planeten haben können.

Hoch entwickelte Zivilisationen wissen auch um eine andere Art von Schneeballeffekt – nämlich dass die Explosion eines einzigen Planeten ganze Galaxien in Mitleidenschaft ziehen kann. Daher ist es nur natürlich, dass Wesen, die benachbarte Planeten bewohnen, am gegenwärtigen Scheideweg der Erde intervenieren.«

Scheideweg?

»Ja«, fuhren die Feen fort. *»Ihr befindet euch an einem Scheideweg in eurer persönlichen und planetarischen Geschichte. Es stehen euch mehrere alternative Zukunftsmöglichkeiten offen, was bedeutet, dass ihr in den nächsten paar Jahren die unterschiedlichsten Entwicklungen erleben könntet. Wir alle in der geistigen Welt versuchen die Menschheit dazu zu motivieren, eine natürliche und friedfertige Existenz zu wählen.«*

Klare Anweisungen

Was meint ihr damit?, fragte ich die Feen.

»Wir werden diese Lektion für ein anderes Mal aufheben«, erwiderten die Feen übereinstimmend. Manchmal wusste ich nicht, ob sie sprachen oder mir etwas vorsangen, so melodisch waren ihre Stimmen.

»In diesem Moment wären wir sehr froh, wenn du unseren Freunden, den Möwen, helfen würdest. Wenn du möchtest,

führen wir dich; wir brauchen nur dein Einverständnis, ihnen zu helfen.«

Natürlich!, erwiderte ich ohne Zögern. *Ich liebe Möwen. Zeigt mir einfach, was ich tun soll.*

Ich hörte keinerlei Anweisungen, fühlte jedoch einen starken inneren Drang, in nördlicher Richtung den Strand entlangzugehen. So als würde ich von einem kräftigen Hund an einer Leine gezogen, ging ich immer weiter. Hinter einer Biegung erblickte ich eine große Gruppe von Möwen. Sie stolzierten elegant am Ufer des Meeres entlang und suchten nach Sandkrabben für ihr Mittagessen, indem sie ihre Schnäbel in den Sand bohrten.

Ich könnte sie füttern, dachte ich bei mir und fragte mich, ob das wohl mein Auftrag sein könnte. Dann sah ich mit Schrecken drei kleine Jungen, die mit wild um sich schlagenden Armen schreiend einen Strandweg heruntergelaufen kamen, ihre Stimmen lauter als die tosende Brandung. Sie lachten, als sie merkten, dass ihre lauten Schreie und ihr wildes Benehmen offensichtlich die Möwen aufschreckten. Es überraschte mich nicht, dass die Vögel sich, genervt von dieser Aufregung, in die Luft erhoben.

Ich beobachtete, wie die Gesichter der Jungen einen Ausdruck wütender Entschlossenheit annahmen, als hätten sie vor, jede einzelne Möwe vom Strand zu vertreiben. *Warum sollte irgendjemand einen Vogel erschrecken wollen?*, fragte ich mich.

»Teil deiner Aufgabe ist es, den Meerestieren zu helfen«, hörte ich die Feen sagen.

Aber was soll ich tun?, fragte ich ernsthaft.

»Sag deine Meinung! Kläre die Menschen über den Ozean und sein Umfeld auf!« Die Feen klangen beinahe entrüstet, so als müsste diese Antwort eigentlich offensichtlich sein.

Meine Gedanken wurden vom Lärm der Jungen unterbrochen, die mit den Füßen auf den Sand stampften. Bei jedem Mal beobachteten die verbliebenen Möwen die Kinder, als hätten sie den vorherigen Aufruhr bereits vergessen. Die Vögel waren so daran gewöhnt, von Touristen gefüttert zu werden, dass sie offensichtlich nicht glauben konnten, dass diese kleinen Menschen gewalttätige Absichten hegten.

Schließlich konnte ich es nicht mehr länger mit ansehen. »Einen Moment, bitte!«, sagte ich laut und fest, indem ich auf die Jungen zuging. Der größte unter ihnen blickte mich mit einem irritierten Gesichtsausdruck an.

»Kann ich dich etwas fragen?«, sagte ich, als ich ungefähr drei Meter vor ihm stand.

Als Antwort zuckte er mit den Schultern. Jetzt reichte es mir wirklich. Mit vor Entrüstung und Aufregung klopfendem Herzen fragte ich: »Warum wollt ihr den Möwen Angst einjagen?«

Er zuckte wieder mit den Schultern und seine Freunde schlugen die Augen nieder.

»Die Möwen sind unsere Freunde und es ist falsch, sie zu erschrecken«, sagte ich in einem Ton, der keinen Widerspruch duldete. Die Augen der Jungs verrieten mir, dass sie mich gehört hatten. Ich redete noch ein wenig länger auf sie ein, doch beim Weggehen fragte ich mich, ob mein Vorgehen wohl irgendeine Wirkung auf sie haben würde.

Als ich an diesem Nachmittag heimkam, entwarf ich im Namen der Feen und Möwen einen Brief an den Herausgeber unserer örtlichen Tageszeitung. Ich wandte mich an alle Eltern und bat sie, die Handlungen ihrer Kinder in der Gegenwart von Tieren und Vögeln zu beaufsichtigen. Schließlich, schrieb ich, hätten Studien gezeigt, dass gewalttätige Erwachsene in der Regel bereits als Kinder durch gewaltsames Verhalten gegenüber Tieren aufgefallen seien. Zwei Tage später veröffentlichte die Zeitung meinen Brief und ich erhielt Anrufe von vielen Leuten, die ihn gelesen hatten.

»Sehr gut«, lobten die Feen. *»Sehr gut.«*

KAPITEL 9

Heilen und Manifestieren mit den Elementarwesen

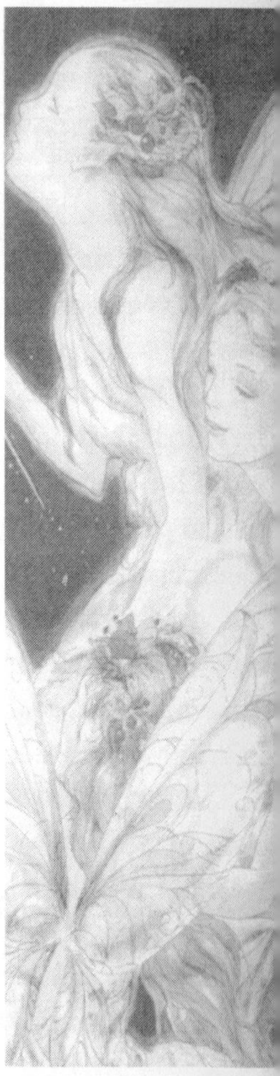

Meine Reisen führten mich kreuz und quer durch die Vereinigten Staaten und Kanada, wobei ich Vorträge bei Ausstellungen, Messen, Konferenzen und vor kirchlichen Gruppen hielt. Meine neuesten Bücher, unter anderem auch der eben erschienene Titel *Das Heilgeheimnis der Engel,* waren sowohl von den Kritikern als auch von den Lesern positiv aufgenommen worden, was zu weiteren Anfragen für Vorträge und Seminare führte.

Ich begann, Menschen über die Feen und die anderen Mitglieder des Elementarreiches zu informieren. Zunächst machte ich die Zuhörer ganz vorsichtig mit diesen Wesen vertraut. Schließlich glaubten viele Menschen, die zu meinen Seminaren kamen, an die Existenz von Engeln, doch nicht alle waren bereit, etwas über Feen zu hören. Ich stellte fest, dass insbesondere viele Menschen, die christlichen Glaubensgemeinschaften angehörten, Engel für göttliche Wesen hielten, während sie Feen als negativ und dunkel betrachteten.

»Feen sind die Naturengel Gottes«, lehrte ich meine Zuhörer.

Einmal kam eine Frau nach einem meiner Seminare zu mir aufs Podium. »Ich bin eine pensionierte katholische Nonne«, erzählte sie mir, wobei sie liebevoll meine Hand ergriff. »Ich möchte Ihnen nur dafür danken, dass Sie mir geholfen haben, Feen zu akzeptieren. Ich habe sie nie als Teil des Königreichs Gottes betrachtet, bis Sie darauf hingewiesen haben.«

»Sie zählen genauso zu Gottes Schöpfung wie die Engel oder die Menschen«, erwiderte ich, und wir umarmten einander herzlich.

Die Feen sehen

Häufig gab ich Seminare, bei denen es ausschließlich um die Entwicklung übersinnlicher Fähigkeiten ging. In Scottsdale in Arizona ging ich während eines solchen Seminars mit den Teilnehmern nach draußen, damit sie selbst Feen sehen konnten. Wir begaben uns zu einer langen Böschung voller blühender Sträucher.

»Kneifen Sie die Augen leicht zusammen«, instruierte ich, »und lassen Sie Ihren Blick weich und unfokussiert werden, so als würden Sie eines jener Bilder betrachten, in denen man dreidimensionale Formen erkennen kann. Schauen Sie an den Blumen vorbei. Konzentrieren Sie sich auf Ihre Absicht, Feen zu sehen. Achten Sie dabei auf alle Zweifel oder Ängste in Ihrem

Inneren. Sollten irgendwelche negativen Intentionen oder Gedanken auftauchen, rufen Sie innerlich die Engel an, damit sie Ihnen helfen, diese Blockaden loszulassen.

Irgendwann werden Sie dann vor Ihrem geistigen Auge Streifen von weißem Licht sehen, die sich von Blume zu Blume bewegen. Die Feen schwirren herum wie Glühwürmchen oder Libellen. Sie sind fünf bis acht Zentimeter lang, manchmal auch etwas mehr oder weniger. Zunächst werden Sie wahrscheinlich nur ihre Energie wahrnehmen, nämlich das weiße Licht, das Sie von Blume zu Blume huschen sehen.

Sie können auch versuchen, den Kopf leicht zu drehen und die Blumen aus dem Augenwinkel zu betrachten. Zuweilen funktioniert das Hellsehen besser im peripheren Bereich, da wir dabei entspannter sind und offener dafür, die geistige Welt wahrzunehmen. Im Gegensatz dazu strengt sich der frontale Bereich des Auges oft zu sehr an und denkt zu viel.

Zu Beginn werden Sie die Feen wahrscheinlich als transparente Erscheinungen vor Ihrem geistigen Auge sehen. Vielleicht befürchten Sie, dass diese Visionen ein Trugbild sind. Doch einer der Gründe, warum Kinder Feen sehen können, ist zum Beispiel, dass sie sich keine Gedanken darüber machen, ob ihre Visionen ein Produkt ihrer Einbildung sind oder nicht. Nur das erwachsene Ego ist immer sorgfältig darauf bedacht, nur ja keine Fehler zu machen. Also werden Sie wieder zum Kind und geben Sie sich selbst die Erlaubnis, die Feen zu sehen.

Haben Sie Geduld mit sich und lassen Sie sich Zeit. Vergessen Sie nicht, die Feen sind scheu und sie können Ihre Gedanken und Gefühle lesen. Es mag sein, dass sie sich Ihnen nicht auf Anhieb enthüllen. Vielleicht müssen Sie sich ein wenig Zeit nehmen, um das Vertrauen der Feen zu gewinnen, bevor sie Ihnen erlauben, sie zu sehen. Feen sind misstrauisch gegenüber Menschen, die keine aufrichtigen Absichten hegen, die laut und aufdringlich sind oder die Umwelt verschandeln; daher ist es ihnen vielleicht ein Bedürfnis, Sie vorher besser kennen zu lernen. Sprechen Sie innerlich mit den Feen und erzählen Sie ihnen von Ihrem Wunsch, sie zu sehen und mit ihnen zusammenzuarbeiten. Die Feen werden für Sie da sein, wenn sie das Gefühl haben, dass Sie ein liebevolles Herz haben und wirklich daran interessiert sind, zum Schutz der Umwelt beizutragen.

Wenn Sie eine oder zwei Wochen lang mit der Natur kommunizieren und dabei die Absicht aufrechterhalten, Feen zu sehen und zu hören, sollte Ihnen dies eigentlich ohne Schwierigkeiten gelingen. Irgendwann werden Sie dann auch detaillierte Visionen von Feen wahrnehmen. Höchstwahrscheinlich werden Sie diese zarten Wesen gleichzeitig mit den inneren und den äußeren Augen erblicken. Sie werden tatsächlich Feen sehen, wie sie um Blumen, Pflanzen, Tiere und manche Menschen herumfliegen – vor allem um inkarnierte Elementarwesen.«

Die Mehrheit der Teilnehmer war in der Lage, mithilfe dieser Anweisungen die Feen zu sehen. Ich freute mich immer sehr, wenn ich sie untereinander sagen hörte: »Oh, ich sehe sie!« und »Schau mal, sie bewegen sich wirklich wie Libellen!«

Baum- und Strauchwesen

Wenn ich keine Seminare hielt, war ich zu Hause in Dana Point damit beschäftigt, ein Heil-Orakel der Engel zusammenzustellen. In der Woche nach meiner Rückkehr aus Scottsdale begann ich, Kontakt mit Künstlern aufzunehmen, die die verschiedenen Karten illustrieren konnten. Der Auswahlprozess lief wunderbar und war praktisch mühelos. Wann immer ein neues Kusntwerk bei mir zu Hause ankam, betrachtete ich es lange und meditierte darüber, bis es zu mir »sprach« und mir seine Bedeutung enthüllte.

Das Heil-Orakel der Engel besteht aus 44 Karten, basierend auf der Zahlensequenz »44« oder »444«, die (numerologisch) so viel bedeutet wie »Die Engel würden gerne mit dir kommunizieren«. Ich hatte 44 wunderschöne Engelabbildungen zusammengetragen und war damit beschäftigt, das begleitende Handbuch mit den grundsätzlichen Anweisungen zur Interpretation der Karten und zur Durchführung eines Engel-Readings zu schreiben.

Ich machte weiterhin meine täglichen Spaziergänge zum Strand von Dana Point und ging dort den Weg entlang, bis ich zu einer unbebauten Gegend mit Wildblumen und üppigem Strauchwerk kam. Des Öfteren fielen mir auf diesem Weg »Baum-« und »Strauchwesen« auf.

Das sind relativ große geistige Wesen, die so groß sind wie ein Baum oder ein Strauch. Es ist ziemlich einfach, diese Wesen zu erkennen – sie erscheinen wie riesige Gesichter mit großen Augen und vorstehenden Nasen, die aus dem Baum oder Gebüsch herausragen. Der Trick besteht darin, der eigenen Wahrnehmung zu vertrauen und sich nicht zu fragen, ob es sich dabei um eine Einbildung handelt.

Zunächst beobachteten mich diese Wesen einfach nur, wenn ich vorbeiging. In gewisser Weise wurde ich getestet, als wollten sie prüfen, ob ich vertrauenswürdig und beständig war. Vielleicht lag es daran, dass ich des Öfteren Abfall vom Boden vor ihnen aufgesammelt hatte, jedenfalls begann ich bald, intuitive Botschaften von diesen Baum- und Strauchwesen zu empfangen.

Sie sind fröhliche Wesen mit einem großen Herzen. Ich konnte ihre Stimmen hören, die (was mich nicht überraschte) hohl und hölzern klangen. Sowohl männliche als auch weibliche Baum- und Strauchwesen begannen auf meinen täglichen Spaziergängen mit mir zu reden. Ich erfuhr, dass jeder Baum und jeder Strauch von einem Hauptwesen bewohnt wird. Das Wesen scheint eins zu sein mit der Pflanze; jedoch besitzt die Pflanze eine von dem Wesen getrennte Lebenskraft. Bei einem Baumwesen handelt es sich also nicht um die Persönlichkeit des Baumes. Vielmehr funktioniert er eher wie ein Schutzengel.

An einem sonnigen Samstagmorgen ging ich den Weg entlang, der zum Salt Creek Beach Park führt. Ein üppiger Strauch, der mit seinen Zweigen und Blättern ein freundliches Grinsen zauberte, zog meine Aufmerksamkeit auf sich. Während ich dastand und den Strauch und das darin wohnende Strauchwesen betrachtete, hörte ich es sagen: »*Wir Strauch- und Baumwesen sind der lebendige, atmende Geist der Essenz der Pflanze.*«

Wow!, dachte ich. *Das ist wirklich klar rübergekommen.* Ich setzte mich neben den Strauch auf die Erde, Stift und Notizbuch in der Hand, und bat das Strauchwesen, mir seine Botschaft zu diktieren.

»*Wir strahlen das aus, was blüht. Die Zweige und Wurzeln sind mit deinem eigenen Elementarkörper vergleichbar: fest und doch fließend – eine Emanation der Energie der physischen Sonne. Unsere Essenz, unser Geist oder unsere Seele, wie immer du es nennen willst, ist eine Emanation der göttlichen Sonne. Die eine ist die materielle Sonne und die andere ist die geistige Sonne. In unserer physischen Inkarnation verschmelzen Geist und Materie.*«

Während ich zuhörte und schrieb, sah ich Feen, die durch die kleinen weißen Blüten des Strauches tanzten. »*Du siehst, wie die Feen durch meine Zweige tanzen*«, fuhr das Strauchwesen fort. »*Sie sammeln Informationen, die sie benötigen, und sie untersuchen mich wie winzige Ärzte. Feen sorgen dafür, dass physische Körper jeder Art ins Gleichgewicht kommen. Sie justieren und eichen die ›Aura‹, das Energiefeld zwischen Geist und Materie.*

Man könnte also sagen, dass das Elementarreich am Schnittpunkt zwischen Geist und Materie wirkt. Die Feen sind Teil der Brücke zwischen den beiden Bereichen. In gewisser Weise sind sie sogar die Brücke.«

Ich konnte die enorme Dankbarkeit spüren, die von dem Strauch wie auch von den benachbarten Strauchwesen und Feen ausging. Mir kam der Gedanke, innerlich das Strauchwesen zu fragen: *Was würdest du den Menschen gern über dich und die anderen Strauch- und Baumwesen mitteilen?*

»Das Leben unseres physischen Körpers – was ihr als Bäume, Sträucher und Pflanzen kennt – ist sehr empfindlich und abhängig von eurem guten Willen. Wir sind gegenseitig aufeinander angewiesen: Ihr braucht uns für eure Häuser, für Sauerstoff, Nahrung und Ähnliches – und wir brauchen euch, damit ihr uns im Gegenzug pflegt und gut behandelt. Wir sind einer des anderen Helfer.

Wie die eure, so ist auch unsere geistige Essenz unsterblich. Es ist unmöglich, den Geist eines Baumes zu töten, oder überhaupt jeglicher Lebensform, doch ihr könnt das Herz eines Baumes verwunden, indem ihr uns Baum- oder Strauchwesen nicht das gebt, was uns gerechterweise zukommt. Nährt uns – nicht nur mit euren Pflanzendüngern, sondern auch mit eurer Freundschaft. Wir gleichen in dieser Hinsicht euren tierischen Freunden und wir brauchen genauso viel Gesellschaft und emotionale Fürsorge wie sie.

Wir würden gern ein Übereinkommen mit der menschlichen Rasse schließen und mit allen, die diesen Ruf hören; wir laden euch ein, uns kennen zu lernen. Wie macht man das?, werdet ihr euch vielleicht fragen. Stellt einfach euren Geist darauf ein, indem ihr beschließt, dass ihr uns kontaktieren wollt. Ihr müsst nicht physisch in unserer Nähe sein, da wir eure Energie fühlen können und tief von ihr berührt werden. Doch zu eurem eigenen Segen – und weil wir gerne Freundschaft mit euch schließen würden – laden wir euch ein, neben uns zu sitzen, zu liegen oder einfach bei uns zu sein. Ihr könnt auch auf uns sitzen, wenn ihr möchtet. Dann projiziert alle Gedanken oder Fragen, die euch in den Sinn kommen, in unsere Richtung.

Dies ist eine magische Zeit in eurer menschlichen Geschichte. Die Energie hat ihren Höhepunkt erreicht und bewegt sich jetzt zur anderen Seite der Kurve, hin zu stärkerer spiritueller Ausrichtung. Mit anderen Worten, die übermäßige Konzentration auf materielle Dinge ist beinahe vorbei, gerade noch rechtzeitig, da viele Ressourcen fast schon vollständig erschöpft sind.

Ihr alle habt eure maximale Kapazität als Konsumenten erreicht und bewegt euch nun auf der Skala zurück und hin zu einer neuen Evolution des Bewusstseins – ein Bewusstsein, das viele Menschen ansprechen wird. Zusammen können wir helfen, dieses neue Licht auf der Erde zu verankern.

Sendet innerlich die Absicht aus, auf der geistigen Ebene ein Wesen aus dem Elementarreich der Pflanzen zu ›adoptieren‹. Jeder Mensch und seine jeweilige Entsprechung im Reich der Pflanzen werden sich wie Seelengefährten finden und eine tiefe, anhaltende Freundschaft eingehen, die auf gegenseitiger Fürsorge basiert.

Wir haben viel voneinander zu lernen. Zunächst können wir dazu beitragen, die Fürsorgekapazität des menschlichen Herzens zu erweitern. Dies tun wir, ohne Schmerzen zu verursachen, da unsere Arbeit darin besteht, die Prismen der Liebe, tiefer Liebe, zu vervielfältigen. Ihr werdet in den kom-

menden Wochen, Monaten und Jahren viele Regenbögen sehen, als Botschaft unserer Dankbarkeit dafür, dass wir von euch gehört, geliebt und umsorgt werden.«

Heilung durch ein Baumwesen

Ich legte mich neben den Busch auf ein Bett aus Gras, weichen, morschen Zweigen und sandiger Erde. Ich konnte fühlen, wie mich die Liebe und Dankbarkeit des Buschwesens umgaben. Selbst die Spinnen schienen voller Freude zu sein. Ich erkannte, dass das Pflanzenreich und seine Bewohner einfach anerkannt und geliebt werden möchten, genau wie wir.

Dann stand ich auf und begann ein paar Coladosen und anderen Abfall aufzusammeln, der zwischen den Büschen herumlag. Die Elementarwesen rieten mir, den Papiermüll liegen zu lassen und mich auf die Beseitigung der Plastikreste zu konzentrieren.

Schließlich ging ich weiter zu einer Gruppe wild wachsender Bäume in der Nähe des Salt Creek Beach Park. Sie waren von wunderbar dichtem und verwachsenem Unterholz umgeben, ganz anders als die künstlich gestutzten Bäume, die in den meisten Parks zu finden sind. Ich bückte mich, als ich unter den niedrigen Ästen eines Baumes entlangging, der mich besonders anzog. Das kastanienbraune Gestrüpp war wie eine Bettdecke zurückgeschlagen und ich kuschelte mich in sein bequemes Kissen.

Ich hatte das Gefühl, als sei ich von einer großen Wolke bedeckt, die sanft auf mir lastete, so als würde ich in großer Höhe fliegen. Es war ein mir inzwischen vertrautes Gefühl, das mir immer die Präsenz geistiger Wesenheiten anzeigt. Natürlich ist der Geist überall, doch wo immer eine starke geistige Präsenz anwesend ist, entsteht das Gefühl großer Bereiche mit höherem Luftdruck. Das spüre ich besonders an Orten, wo sich Elementarwesen aufhalten.

Als ich unter dem Baum saß, kamen Bilder voll Traurigkeit und Zorn in mir hoch, die mit meinem Liebesleben zu tun hatten. Bilder jedes einzelnen Mannes, der mich abgelehnt oder ignoriert hatte, tauchten in mir auf. Der Luftdruck legte sich wie ein Ring immer enger um meinen Kopf.

Dann erklärte das Baumwesen mit einer liebevollen, großväterlichen Stimme: »*Meine Energie verstärkt die Gefühle, die du ungeheilt in deinem Herzen gespeichert hast. Lass diese Gefühle hervorkommen, damit ich dir helfen kann, sie loszulassen.*«

Dankbar erlaubte ich dem Baumwesen, mein geistiger Heiler zu sein, und ließ meinem Herzen freien Lauf, zu fühlen und zu heilen. Vor meinem inneren Auge sah ich einen Film – wie einen Lebensrückblick –, der alle meine Liebesbeziehungen zeigte. Jedes Gefühl, das ich jemals weggedrängt hatte, jeder Schrei, den ich unterdrückt hatte, und jede Träne, die ungeweint geblieben war, drängten an die Oberfläche. Der Schmerz war in meiner Seele gespeichert gewesen wie gefrorene Tränen und die Liebe des Baumwesens ließ ihn dahinschmelzen. Die verdrängten Gefühle waren nicht zum Ausdruck gebrachte Energie, die wie wilde Pferde aus ihren Startlöchern gelassen werden mussten, damit sie frei galoppieren konnten.

Ich durchlebte noch einmal ein ganzes Leben voll unterdrücktem Schmerz. Da war Steven, der süße Nachbarsjunge in der Craner Avenue. Ich war damals schrecklich in ihn verliebt gewesen, doch weil ich so viel jünger war als er, existierte ich für ihn nicht. Ich hatte ein Bild von ihm im Kopf, das meine nicht erwiderte Liebe symbolisierte: Es war die Erinnerung, wie er auf einem grasbedeckten Hügel neben dem Swimmingpool des Apartmenthauses stand, in dem seine Familie wohnte. Er trug abgeschnittene Shorts und war barfuß. Ich nehme an, er hatte keine Ahnung, dass ich ihn in diesem Augenblick beobachtete, denn er starrte in die Ferne und schien sich in seiner eigenen Welt zu befinden.

So als würde ich alle romantischen Erlebnisse meines ganzen bisherigen Lebens noch einmal betrachten, sah ich als Nächstes einen inneren Film über Bill, meinen ersten Freund. Mitten in unserer Beziehung beschloss Bills Familie, dass er zu jung war, um eine feste Freundin zu haben. Danach folgte eine ganze Reihe kurzer Affären, die alle von Enttäuschung und Schmerz gekennzeichnet waren, einschließlich meiner Ehe mit Michael.

Ich fragte mich: Hatte meine unerwiderte Schwärmerei für Steven das spätere Muster meines Liebeslebens bestimmt? Oder lag es daran, dass mein Vater und ich uns emotional nicht sehr nahe standen? Vielleicht war ich mit meinen Liebespartnern nicht wählerisch genug gewesen. Ich erkannte, dass ich im Laufe meines Lebens nie die Hoffnung aufgegeben hatte, dass »er« – der Mann meiner Träume, ein spiritueller, romantischer, liebender, humorvoller und hingebungsvoller Partner – irgendwo da draußen auf mich wartete.

Während das Baumwesen all diese Bilder aus der Datenbank meines Herzens hervorholte, fühlte ich die niederschmetternde Enttäuschung jeder einzelnen Beziehung. Ich weinte Tränen der Erleichterung, als der Schmerz herausfloss, so als würde mir das Gift einer Schlange aus dem Körper gezogen. Als das Sturmfeuer heilender Energien vorbei war, blieb ich erschöpft und heftig atmend liegen, doch ich fühlte mich im Frieden mit mir selbst. Mein Herz war weich und offen und ich empfand große Liebe für meine neuen Freunde, die Baum- und Strauchwesen.

Die Manifestationsgeheimnisse der Feen

»Wir möchten unsere Geheimnisse der Manifestation mit dir teilen.«

Wie bitte? Ich musste eingeschlafen sein, denn die Bemerkung der Feen schreckte mich auf.

»Was glaubst du, wie wir unsere Bedürfnisse erfüllen?«, fuhren die Feen fort. *»Wir haben weder Geschäfte noch Fabriken und doch besitzen wir jede Menge Kleidung, Nahrung und Musikinstrumente. Die Antwort ist, dass wir alles manifestieren, was wir brauchen, und wir möchten dich lehren, das Gleiche zu tun. Wenn du den Menschen unsere Geheimnisse der Manifestation beibringen kannst, dann müssen sie nicht die natürlichen Ressourcen der Erde zerstören, um Dinge her-*

zustellen. Sie können sie einfach aus der Luft erschaffen, so wie wir es tun!«

Mit allem gebührenden Respekt und Anerkennung für euer freundliches Angebot, sagte ich, *sind eure Manifestationen real oder einfach nur Fragmente eurer Vorstellung?* Ich dachte an die vielen Geschichten von Menschen, die zu den Gefilden der Feen gereist waren und ihre Taschen mit dem Gold der Feen voll gestopft hatten. Doch nach ihrer Rückkehr ins Reich der Menschen war das Gold verschwunden.

Meine Gedanken lesend, sagten die Feen geduldig: *»In unserer Dimension war das Gold real, doch es übertrug sich nicht auf die dichtere Ebene der menschlichen Welt. Diese Energie ist in deiner Welt nicht sichtbar, genauso wie wir für die untrainierten Augen der meisten Menschen nicht sichtbar sind. Wenn wir Feen manifestieren, so geschieht dies innerhalb unserer eigenen Dimension und die Objekte entsprechen unserer spirituellen Frequenz. Wir werden dir zeigen, wie du auf deiner eigenen Ebene manifestieren kannst, sodass die Situationen, Personen und Gegenstände dir durchaus real erscheinen werden.«*

Ich möchte aber nur das realisieren, was wirklich ist, nicht, was bloß wirklich erscheint!

»Genau«, erwiderten die Feen.

Es ermüdete mich, die rätselhaften Äußerungen der Feen zu entschlüsseln. *Was meint ihr mit »genau«?*, hakte ich in forderndem Tonfall nach. *Bitte benutzt klare, einfache Worte, wenn ihr mit mir kommuniziert.*

»O danke, dass du uns das sagst! Wir wissen nicht, ob du uns verstehst oder nicht, wenn du uns nicht Bescheid gibst.

Okay, du willst einfache Worte. Genau das werden wir dir von jetzt an geben.«

Gut. Wenn ihr einfache Ausdrücke benutzt und ich die Konzepte verstehe, wird es für mich einfacher sein, sie anderen nahe zu bringen.

»Wir wollen nicht nur, dass du die Prinzipien der Manifestation verstehst, sondern auch, dass du damit Erfolg hast. Du hast soeben wichtige Klär- und Heilarbeit in Bezug auf dein Liebesleben geleistet. Dein Herz ist jetzt gereinigt von den Überresten deiner Vergangenheit, wodurch es zu einem leeren Blatt geworden ist, auf das du deine Wünsche zeichnen kannst. Wir werden mit dir an der Manifestation eines gesunden Liebeslebens arbeiten.«

Oh, dafür wäre ich euch wirklich sehr dankbar! Es scheint, dass ich in allen Bereichen meines Lebens sehr erfolgreich war, außer in diesem, erwiderte ich.

»Dann mach dir jetzt detaillierte Notizen und folge diesen Schritten genau«, forderten mich die Feen auf. Als ich zustimmte, begannen sie mit ihrer Lektion: *»Der erste Schritt beim Manifestieren besteht darin, wie wir bereits erwähnt haben, sozusagen ein ›leeres Blatt‹ in deinem Herzen zu schaffen, das du benutzen kannst wie ein Maler seine Leinwand, um deine neuen Wünsche darauf zu malen. Du schaffst dir dieses leere Blatt, indem du dich von allen Dingen deiner Vergangenheit reinigst und heilst, die mit deinen gegenwärtigen Wünschen zu tun haben.*

Es gibt viele Möglichkeiten, Klärung und Heilung herbeizuführen, und du hast gerade eine sehr gründliche und wirksame Variante erfahren. Jeder kann alleine an einen Ort in der Natur gehen, wo es Wildpflanzen, Sträucher oder

Bäume gibt, um Hilfe von den Pflanzen-, Strauch- oder Baumwesen zu erbitten. Setz dich neben eine Pflanze, einen Strauch oder einen Baum, zu dem du dich hingezogen fühlst, und kommuniziere geistig mit dem Wesen, das in dieser Pflanze, dem Strauch oder Baum lebt. Bitte aus ganzem Herzen um Hilfe und diese Hilfe wird dir niemals versagt werden. Das Pflanzen-, Strauch- oder Baumwesen wird den entsprechenden Schmerz aus deinem Herzen, deiner Seele und deinem Körper ziehen. Wie dir der Baum erklärt hat, verstärkt seine Energie deine ungeheilten Gefühle und bringt sie an die Oberfläche.

Du wirst während des Heilungsprozesses körperliche Empfindungen verspüren, wie zum Beispiel ein Kribbeln, ein Gefühl von Luftdruckveränderungen oder ein Muskelzucken. Dabei handelt es sich um intensive, jedoch angenehme physische Reaktionen auf das Loslassen alter, negativer Emotionen. Wenn die Heilung abgeschlossen ist, wird dein Körper ruhig sein. Du wirst dich vielleicht sogar wie ›erschlagen‹ fühlen und vorübergehend nicht in der Lage sein, dich zu bewegen. Dies ist ein guter Zeitpunkt, dich auszuruhen und über deinen Heilungsprozess nachzudenken.«

Genau das habe ich empfunden, als der Baum mir mit meinen Liebesproblemen half, erinnerte ich mich. Und anschließend war ich tatsächlich ziemlich platt auf dem Boden gelegen, unfähig, mich zu bewegen. Dabei verspürte ich ein Gefühl großer Erleichterung, was sehr angenehm war.

»Der Klärungsprozess ist nichts, wovor man sich fürchten muss. Er ist jedoch eine notwendige Komponente für jede Manifestation.

Wenn das Herz erst einmal gereinigt und zu einer leeren Leinwand geworden ist, dann beginnen wir, neue Bilder darauf zu malen. Der zweite Schritt der Manifestation besteht darin, zu der Erkenntnis zu gelangen, dass alles, was es jetzt in deinem Leben gibt – jede Beziehung, jede Situation und jeglicher Besitz –, existiert, weil es deiner Erwartung entspricht. Wie eine schwangere Frau, die der Geburt entgegengeht, hast du alle diese Dinge erwartet. Die Erwartung ist die Empfängnis, die das Resultat gebiert.«

Also hatte ich alle Einzelheiten meines Liebeslebens erwartet? Was für eine entsetzliche Vorstellung. Doch ich wusste sofort, dass es genau so war.

»Das lag in erster Linie daran, dass dein Herz von alten Schmerzen vergiftet war, so als wollte man versuchen, ein Bild auf eine Leinwand zu malen, die bereits fünf Schichten alter Malereien aufweist. Die alten Bilder werden früher oder später durchscheinen. Um ein klares neues Bild zu erhalten, muss man zunächst die Leinwand reinigen. Und das hast du getan, indem du dem Baumwesen erlaubt hast, dein Herz von den alten Bildern deines Liebeslebens zu reinigen.«

Was für eine Erleichterung!, rief ich dankbar aus. *Ich bin jetzt wirklich bereit für eine glückliche Liebeserfahrung.*

»Genau. Das ist der zweite Schritt des Manifestationsprozesses: dafür zu sorgen, dass du wirklich bereit bist und das Gefühl hast, die Realisierung deines Wunsches zu verdienen.«

Wie kann ich sicher sein, dass ich bereit bin und es verdient habe?, fragte ich.

»Ob du es bist oder nicht, zeigt sich sofort daran, ob du deinem inneren Lehrer vertraust. Jeder Mensch ist sich der

Führung seines inneren Lehrers bewusst, doch nur diejenigen, die dieser Führung vertrauen und ihr folgen, sind wirklich bereit, ihre Wünsche Wahrheit werden zu lassen. Diejenigen, die sich nicht bereit fühlen oder meinen, die Erfüllung ihrer Wünsche nicht verdient zu haben, ignorieren oder misstrauen ihrem inneren Lehrer.«

Oh, ich habe mich mit Sicherheit schon des Öfteren in dieser Position befunden und viele meiner Klienten und Zuhörer haben mir gesagt, dass sie ebenfalls darunter leiden, dachte ich.

»Jedes Erdenwesen hat Augenblicke erlebt, in denen er oder sie das Gefühl hatte, nicht bereit zu sein für das Neue, das in ihr Leben kam, oder in denen sie glaubten, es nicht verdient zu haben. Denn sonst bestünde keine Notwendigkeit für irgendwelche Schritte der Manifestation, außer 1. das Herz zu klären und zu heilen, 2. um das zu bitten, was du haben möchtest, und 3. es zu erhalten.

Ein empfängliches Herz kann automatisch ständig alles manifestieren. Doch da die meisten Wesen nicht bereit sind, Gutes vorbehaltlos anzunehmen, bieten wir zusätzliche Schritte an.«

Ich hielt Notizbuch und Stift bereit, um jede Einzelheit aufzuschreiben, die mir die Feen bezüglich der Geheimnisse der Manifestation mitteilen würden.

»Ähnlich wie du es gerade tust, bitten wir die Menschen, sich mit einem Tagebuch und einem Stift in die Natur zurückzuziehen.

Setzt euch neben einen Baum oder Strauch und schließt die Augen. Nehmt ein paar tiefe Atemzüge. Entspannt euch. Versucht nicht, irgendetwas zu machen.«

Ich folgte den Anweisungen der Feen, indem ich mich neben einen Eukalyptusbaum setzte und meinen Rücken an seinen kräftigen Stamm lehnte. Dann schloss ich die Augen und atmete ruhig ein und aus, offensichtlich im Gleichklang mit dem Baum.

»*Gut. Und jetzt denke einfach an das Thema deines Wunsches. Es könnte alles Mögliche sein: deine Karriere, deine Lebensaufgabe, deine finanzielle Situation, Gesundheit, Umzug in ein neues Heim oder – in deinem Fall – dein Liebesleben. Noch einmal: Versuche nicht, deine Gedanken oder Gefühle zu kontrollieren. Erlaube einfach deinem Geist, sich auf das Thema zu richten. Atme weiterhin tief ein und aus und konzentriere dich auf dein Herzzentrum.*

Frage dein Herz: Was wünschst du dir? Dann gestatte der Imagination deines Herzens, dahin zu gehen, wo sie hingehen möchte. Erlaube dir selbst, über das zu phantasieren, wonach sich dein Herz in Bezug auf das ausgewählte Thema sehnt.«

Ich konzentrierte mich auf mein Herz und fühlte, wie es sich öffnete, so als sei es dankbar für die Aufmerksamkeit, die ich ihm gab. Innerlich stellte ich meinem Herz die Frage: *Was wünschst du dir?* Ich wiederholte diese Frage mehrere Male, bis ein intensiver Gedanke und ein starkes Gefühl meine Aufmerksamkeit bannten. Zunächst war dieses Gefühl erschreckend, da es in so großem Kontrast zu dem stand, was ich gegenwärtig in meiner Ehe empfand. Doch ich musste mich meinen wahren Gefühlen stellen, um mein Liebesleben heilen zu können.

Ich wusste, dass ich mir eine Seelengefährtenbeziehung wünschte – nein, zutiefst danach verlangte –, mit einem spirituell orientierten Mann, der mit mir reisen und Seminare abhalten würde. Ich wollte einen Partner in jeder Bedeutung des Wortes: romantisch, spirituell, intellektuell und physisch. Ich konnte spüren, welche Freude mir eine solche Partnerschaft schenken würde.

»Fühlst du dich bereit für eine solche Beziehung?«, flüsterten die Feen in mein rechtes Ohr.

Ich – ich denke schon, stammelte ich.

»Der zweite Schritt der Manifestation ist abgeschlossen, wenn du diese Frage ohne Zögern mit Ja beantworten kannst. Arbeite weiterhin daran und dann werden wir dir den dritten Schritt zeigen.«

KAPITEL 10

Die Engel der Fülle

Mein Kopf war praktisch leer, als ich mich auf den Heimweg machte. Ich hatte das Gefühl, als ob alles, was ich bisher über Beziehungen gelernt hatte, auf den Kopf gestellt worden wäre. Wie konnte ich so viele Fakten, psychologische Theorien und Techniken zum Thema Liebesbeziehungen kennen und dennoch nichts von den Wahrheiten wissen, die die Feen mich lehrten? Ich kritisierte noch eine Weile an mir herum, bis ich eine vertraute Stimme hinter mir hörte.

»Es geht nicht darum, als Mensch perfekt zu sein, denn du bist bereits ein perfektes Kind Gottes.«

Die Engel! Ich konnte sie immer an ihrer hohen Frequenz, ihrer liebevollen Energie und der positiven Wärme ihrer tröstenden Botschaften erkennen.

»Für dich als Mensch geht es darum, dir deiner zugrunde liegenden Absichten bewusst zu sein. Solange du die Absicht *hast, liebevoll zu sein, musst du dich nicht um die Fehler bekümmern, die du dabei vielleicht*

machst. Wenn du Fehler machst, übergib sie den himmlischen Mächten.«

Was meint ihr damit?

»Erinnerst du dich, was dich die Feen über den Prozess des ›Ungeschehenmachens‹ gelehrt haben? Wann immer dir bewusst wird, dass du einen Fehler begangen hast – das heißt einen Irrtum im Denken, basierend auf lieblosen oder angstvollen Gedanken –, dann sag einfach: ›Ich gebe zu, dass ein Fehler geschehen ist, und ich bitte, dass alle Auswirkungen dieses Fehlers in alle Richtungen der Zeit für alle Betreffenden ungeschehen gemacht werden.‹«

Ich wiederholte die Affirmation in meinem Inneren und spürte, wie mein Körper Bedauern und Scham im Zusammenhang mit meinem Liebesleben losließ. Ich empfand ein inneres Gefühl des Friedens auf dem restlichen Heimweg, was zum Teil aus der Erschöpfung resultierte, die dadurch entstand, dass ich an einem einzigen Tag so viel losgelassen hatte. Es war ein befriedigendes Gefühl, aber auch etwas strapaziös, so als hätte ich Blut gespendet.

Als ich zu Hause ankam, bemerkte ich Michaels Wagen in der Einfahrt. Ich fühlte mich leicht schuldig, da ich wusste, dass ich ihm noch nicht gesagt hatte, wie unzufrieden ich mit unserer Beziehung tatsächlich war. Seit der Überfall im Sommer mich auf den spirituellen Weg katapultiert hatte, waren wir einander immer mehr fremd geworden. Er hatte meine veränderte Einstellung toleriert, meinen Rückzug, wenn ich meditierte, und meine ständigen Reisen, um Seminare zu halten, daher hatte ich nicht das Bedürfnis verspürt, ihn zu verärgern, indem ich von ihm forderte, sich in den spirituellen Seelengefährten zu verwandeln, nach dem ich mich sehnte. Mir war klar, dass ich ihm wegen seiner Skepsis in Bezug auf Spiritualität keine Vorwürfe machen konnte; so war er eben. Schließlich hatte Michael mir von Anfang an gesagt, dass Spiritualität für ihn etwas Privates war, über das er lieber nicht reden wollte. Wie konnte ich von ihm fordern, tief greifende philosophische Diskussionen mit mir zu führen, nur weil es das war, wonach ich mich sehnte?

Ich beobachtete Michael, wie er an der Druckerpresse in seinem Arbeitszimmer arbeitete, wo er wunderschöne Drucke von Naturansichten herstellte, die er an Kunstgalerien verkaufte. Ich sagte mir selbst: *Du hast Glück, mit einem Mann zusammen zu sein, der seinen Lebensunterhalt mit wundervoller Kunst verdient*. Doch mein Herz akzeptierte diesen Spruch nicht mehr. Ich hatte jenen Aspekt meines Herzens berührt, der absolut ehrlich ist, und ich war nicht mehr bereit, ihn zu verdrängen und zu lügen. Ich ging in mein Arbeitszimmer und in mir ertönte wie eine Alarmglocke die Erkenntnis: *Du bist nicht glücklich in deiner Ehe!*

Ich beschäftigte mich mit einigem Papierkram und verdrängte den Gedanken aus meinem Kopf. Doch jedes Mal, wenn ich einen Moment lang nichts zu tun hatte, kam die Erkenntnis zurück.

Ich legte mich hin, schloss die Augen und betete um Hilfe. Ich konnte spüren, wie die Engel mir halfen, meine Gefühle zu beruhigen. Sobald ich einen friedlicheren und zentrierteren Zustand erreicht hatte, kam mir die eindringliche Stimme der Feen in den Sinn, die mich fragten: *»Fühlst du dich bereit für eine solche Beziehung?«*

Ich fragte mich selbst: *Fühle ich mich bereit?*

Die Antwort kam sofort: *Sosehr ich mir auch eine wunderbare Seelenpartnerbeziehung wünsche, so sehr hat ein Teil von mir Angst.* Ich fürchtete, dass Michael nicht der Mann meiner Träume war, doch ich hatte auch Angst, die Beziehung zu beenden; Angst, noch einmal von vorne anzufangen; Angst, was die Menschen denken würden, wenn ich mich scheiden ließe; Angst davor, allein zu sein. Die Angst vor dem Alleinsein kam wiederholt hoch, als ich meine Ängste näher betrachtete. Ich stimmte mich auf meine Gefühle ein und erkannte, dass – so schmerzhaft meine gegenwärtige Beziehung auch war – es einen noch größeren Schmerz gab, der mit Veränderung verbunden war.

Ich hatte Angst, Michael zu verärgern, wenn ich ihm gegenüber zugeben würde, dass ich unglücklich war. Ich fürchtete mich vor der Verteidigungshaltung, die er vielleicht einnehmen würde, falls er sich unzulänglich und von mir angeklagt fühlen sollte. Ich erkannte, dass ich Michael in mein Leben gerufen hatte und mir dabei ein Fehler unterlaufen war, denn ich hatte es versäumt, das Universum zu bitten, mir einen spirituell orientierten Mann zu schicken. Zu Beginn war ich sehr glücklich mit Michael gewesen – bis zu dem Überfall am 15. Juli 1995, der mich innerlich aufgeweckt hatte. Danach war mir klar geworden, dass ich Michael nichts mehr von meinen tiefsten Gedanken und Erlebnissen erzählen konnte, da wir keine Basis für eine spirituelle Beziehung hatten.

Von meinen Ängsten überwältigt, schlief ich schließlich ein. Ich träumte, dass Engel und Feen mit ihren Fingern durch meine Aura fuhren und kleine schwarze Schneeflocken daraus entfernten, wie Schuppen im Haar. Während die Engel und Feen meine Aura auskämmten, fühlte ich mich zutiefst geliebt und erfüllt von Frieden.

Die Botschaft des Erzengels Michael

Der Traum war sehr lebhaft, voll intensiver Farben und starker Gefühle. Ich sah mich selbst auf einem Granitfelsen sitzen, mit Engeln und Feen, die wie in einem Klassenzimmer um mich herum saßen. Ein riesiger männlicher Engel, den ich als den Erzengel Michael erkannte, stand vorne vor der Klasse.

Er wies mit einem Zeigestock auf die Tafel, die anders aussah als alle Tafeln, die ich aus meiner Schulzeit kannte. Lichtwellen strömten von seinem Zeigestock und mir wurden telepathisch Informationen übertragen. Der Erzengel Michael übermittelte uns Informationen über Manifestation und ich verstand seine Botschaften in der Tiefe meiner Seele.

Ich erwachte mit einem neuen Gefühl der Gelassenheit und einem inneren Vertrauen, das mir sagte, alles würde gut werden. Ich griff sofort nach meinem Traumtagebuch und schrieb meine Erinnerungen an die Lektionen über Manifestation nieder, die der Erzengel mir gegeben hatte. Ich beeilte mich, alles aufzuschreiben, bevor die Essenz seiner Botschaft aus meiner Erinnerung verblasste und mein dreidimensionaler Verstand diese esoterischen Konzepte unterdrückte. Hier folgt, was ich notiert habe:

»Es gibt jeden Tag wunderschöne Sonnenaufgänge und Sonnenuntergänge und ich muss nichts anderes tun, als sie wahrzunehmen, um mich an ihnen zu erfreuen. Wenn ich nicht nach draußen gehe oder aus dem Fenster schaue, versäume ich dieses herrliche Schauspiel der Natur.

Auf die gleiche Weise erschafft meine innere Sonne fortwährend Schönheit. Ich bete darum, dass ich sie bemerke und mich auf diese Weise an dem Ausdruck dieser Schönheit erfreuen kann. Ich muss nichts anderes tun – ich muss die Kreationen und Manifestationen dieses Lichtes nicht ›verdienen‹. Das Licht strahlt immer, denn das ist seine Natur. Meine einzige Aufgabe ist es, zu erscheinen und das Licht und seine Wirkungen wahrzunehmen.

Ich befinde mich nun im Fluss des Lebens. Ich kann deutlich sehen, wie sehr meine Gedanken, Gefühle und Entscheidungen die Geschichte meines Lebens beeinflussen. Mein Bewusstsein des Geistigen bedeutet, einen positiven, reinen und liebevollen Fokus zu bewahren; dies wird zu positiven, reinen und liebevollen Resultaten führen.

Es ist so, als ob der Geist Lehm wäre, der durch meine Gedanken geformt wird. Wenn ich unbeirrbar hohe, optimistische Gedanken und Gefühle in mir trage, wird mein Leben stets glücklich und harmonisch sein. Die Engel stimmen sich auf unsere wahren Gedanken und Gefühle ein und arbeiten hinter den Kulissen, um die Wirkungen hervorzubringen, die unseren Gefühlen und Gedanken entsprechen.

Mein Geist ist unaufhörlich damit beschäftigt, Menschen, Dinge und Situationen anzuziehen, zu magnetisieren und zu erschaffen. Mein Geist ist Liebe. Liebe gibt, Liebe nährt, Liebe erfährt und erlebt Freude. Liebe ist Geben und Nehmen gleichzeitig. Liebe begehrt nichts; sie ist vollkommen und voller Freude. Ich bin mein Geist. Daher bin ich der Prozess und die Substanz der Fülle.

Mein Geist reflektiert alles, was ich betrachte. Wenn ich Dunkelheit betrachte (mich darauf konzentriere), dann habe ich einen dunklen Geist. Wenn ich Licht oder Liebe betrachte und mich darauf konzentriere, dann ist mein Geist von Licht und Liebe erfüllt. Ich habe die Wahl. Es steht mir frei, die Fülle des Guten in der Welt zu sehen und meinen Geist mit Gedanken des Guten zu füllen.

Da ich das anziehe und erschaffe, was ich denke, möchte ich definitiv nur Gedanken der Liebe und Fülle in mir zulassen. Worauf ich mich konzentriere und welchen Rahmen ich diesen Gedanken gebe (positiv oder negativ), ist wie die Entscheidung, was ich meinem Geist zuführe – Junk-Food oder gesunde, lebenserhaltende Nahrung. Ich will nur das Gute sehen, damit meine Seele mit Gutem erfüllt ist und ich ausschließlich Gutes erschaffe.

Materie ist eine Illusion, ebenso Mangel in jeder Form. Ich kann nur Mangel erfahren, wenn ich diese Art der Illusion wähle. Wenn ich eine Illusion der Fülle wähle, nehme ich damit niemandem etwas weg. Das wäre unmöglich.

Im Gegenteil, wenn ich mir selbst erlaube zu empfangen, befinde ich mich in einer besseren Position, anderen Menschen zu helfen. Nicht nur bin ich dann eine Inspiration für sie, sondern ich habe mehr Energie, Kraft und Mittel, die ich geben kann. Also geht es nicht darum, ob ich es verdiene, zu empfangen – ich verdiene es zu geben. Daher erlaube ich mir selbst, Gutes zu empfangen, damit ich anderen effektiver helfen kann.«

Ich las mir das Geschriebene dreimal durch, bevor mir seine Bedeutung wirklich klar wurde: Ich konnte also alles manifestieren, was mein Herz ersehnte, da mein Geist ewig erschafft. Ich musste über diese Erkenntnis lachen: *Ich kann nicht* nicht *manifestieren. Ich manifestiere ununterbrochen! Also kann ich genauso gut das manifestieren, was ich mir wünsche!*

Ich dachte an die vielen Nächte, die ich auf meinen Reisen in einsamen Hotelzimmern verbracht habe. Wie verzweifelt sich mein Herz nach einer Beziehung mit einem Seelengefährten gesehnt hatte – danach, mit einem Mann zusammen zu sein, der mich zu meinen Seminaren begleitet, weil er ebenfalls ein spiritueller Lehrer ist – ein Mann, der mein Freund, mein spiritueller Partner, mein Geliebter, mein wahrer Gefährte sein würde.

»So«, unterbrach die kollektive Stimme der Feen meine Gedanken, *»bist du nun bereit für die Art von Beziehung, nach der dein Herz sich sehnt?«*

Ja!, erwiderte ich mit Nachdruck. *Ja, das bin ich! Tatsächlich glaube ich nicht, dass ich mein gegenwärtiges Programm von Reisen und Seminaren ohne Seelengefährten an meiner Seite aufrechterhalten kann. Ich verlange, dass das Universum mir jetzt eine Beziehung mit meinem Seelengefährten ermöglicht. Wenn er nicht bald auftaucht, kündige ich!*

Damit fanden die lange aufgestauten Gefühle von Zorn, Frustration und Einsamkeit endlich ihren angemessenen Ausdruck. Ich war absolut kristallklar in meinen neuen Erwartungen: Ich verdiente es, einen spirituell orientierten Gefährten zu haben, der mit mir reisen würde. Vielleicht würde es mein jetziger Mann sein, vielleicht auch nicht. Ich wollte nur, dass mein Seelenpartner sich endlich enthüllte, wer und wo er auch immer war.

»Sehr gut«, meinten die Feen. *»Sehr gut. Du hast soeben den zweiten Schritt der Manifestation vollendet, indem du deinen Geist und dein Herz in Übereinstimmung gebracht hast. Du fühlst, was du dir wünschst, du bist bereit, deine Wünsche zu manifestieren, und du weißt, dass du sie verdienst. Jetzt sei bereit, ausführliche Anweisungen von deinem inneren Lehrer zu empfangen, denn der dritte Schritt der Manifestation besteht darin, sich der inneren Führung bewusst zu sein und ihr zu folgen.«*

Wahrheit und Intimität

Es war beinahe halb fünf am Nachmittag, als ich wieder in mein Arbeitszimmer ging. Ich konnte Michael im oberen Stockwerk hören, wie er seinen Drucker verfluchte, der zwei- oder dreimal in der Woche seinen Geist aufzugeben schien. Ich fragte mich, ob die wütenden Worte, die ich vernahm, diese Erfahrung für ihn erschufen. Außerdem war ich neugierig, ob er offen dafür war, die Geheimnisse der Manifestation zu lernen, die der Himmel mich gelehrt hatte.

Als wir uns zum Abendessen hinsetzten, erwähnte ich mein neues Buch, um ein Gespräch über spirituelle

Themen in Gang zu bringen. Eigentlich hatten wir noch nie wirklich über meine Arbeit mit den Engeln und dem Leben nach dem Tod gesprochen. Jedes Mal, wenn ich das Thema zur Sprache brachte, wurde daraus ein Streitgespräch zwischen Michael und mir. Ich beschrieb ihm meine Gefühle und er übernahm dann die Rolle des Gegenspielers oder Skeptikers. Das irritierte mich jedes Mal so sehr, dass ich das Gespräch beendete und mich zurückzog.

Ich wusste jedoch aus meiner Arbeit als Psychotherapeutin, dass eine Partnerschaft emotionale Intimität braucht, um zu überleben – und emotionale Intimität entsteht unter anderem durch das gemeinsame Diskutieren tief empfundener Themen. Wie konnte ich emotionale Intimität mit Michael herstellen, wenn ich das wichtigste Thema meines persönlichen und beruflichen Lebens nicht mit ihm besprechen konnte?

Nach dem Abendessen zog ich mich mit einem Knoten im Magen und im Hals in mein Arbeitszimmer zurück. Ich setzte mich vor meinen Altar und schloss die Augen. Ich fragte meinen Magen und meinen Hals: *Was wollt ihr mir sagen? Warum seid ihr wie zugeschnürt?* Dann lauschte ich mit meinem ganzen Wesen und achtete darauf, welche Eindrücke als Antwort auf meine Fragen hochkamen. Ich wusste, dass sich die Antworten als Gefühle, Gedanken, innere Stimme oder allgemeiner Eindruck zeigen konnten.

Eine Welle zog sich über meinem Körper zusammen, gefolgt von einem Loslassen und anschließender Entspannung. Dann kam mir die Erkenntnis, während mein

Körper mir seine Wahrheit enthüllte: Ich hatte Angst, ob meine Beziehung sich wirklich verändern ließe, und machte mir Sorgen, wie ich diese Veränderung bewirken sollte. Mir stockte der Atem, als ich erkannte, dass ich die Dinge zu reparieren versuchte, ohne mein spirituelles Team um Hilfe zu bitten.

Ich denke, dass ich alles alleine tun muss! Ich musste lachen. Hier war ich, eine Autorin und Seminarleiterin, die ständig betonte, wie wichtig es ist, um Hilfe zu bitten – und hatte meinen eigenen Rat vergessen! Dabei wusste ich doch aus eigener Erfahrung, dass das »Wie« jeder göttlich geführten Veränderung ausschließlich eine Angelegenheit der unendlichen kreativen Weisheit und Liebe des Schöpfers ist.

Freudige Affirmationen

»Der Schlüssel zum Verankern deiner Wünsche und Erwartungen liegt in deinem Körper«, instruierten mich die Feen. *»Die Methode, die wir Feen anwenden – und zwar mit großem Erfolg –, besteht darin, unsere Wünsche und Erwartungen voller Freude zu äußern, während wir unseren Körper in der Natur bewegen. Du könntest also deine Erwartungen affirmieren, während du joggst, spazieren gehst, deine Dehnübungen machst oder draußen tanzt.«*

Im Laufe der Woche befolgte ich täglich den Rat der Feen. Während ich joggte oder am Strand spazieren ging, affirmierte ich mit aller Kraft: »Ich habe eine wunderbare Beziehung mit meinem Seelengefährten! Wir reisen zusammen und halten gemeinsam Seminare ab.

Wir leben in einem komfortablen Haus in der Nähe des Ozeans in Laguna Beach«, und so weiter. Jeden Tag spürte ich voller Vertrauen, wie meine Erwartungen heranreiften.

Michael und ich sprachen nur noch selten miteinander; wir lebten mehr wie Mitglieder einer Wohngemeinschaft zusammen. Wir stritten nicht, doch ebenso wenig hatten wir verbalen oder körperlichen Kontakt. Unser Abendessen verbrachten wir vor dem Fernseher und danach zog sich jeder von uns in sein eigenes Arbeitszimmer zurück. Ich fragte mich, wie und wann ich die Gelegenheit haben würde, mit meinem Ehemann über die Sehnsüchte meines Herzens zu sprechen.

Nachdem ich um Hilfe gebeten hatte, schaltete ich eines Abends den Fernseher aus und sagte Michael, dass wir miteinander reden müssten. Ich erklärte ihm, dass ich zutiefst unglücklich war und mit dem Gedanken spielte, ihn zu verlassen. Er protestierte, doch hörte er mir zu, ohne in die Defensive zu gehen. Ich sagte: »Ich spüre, dass ich nicht glücklich bin, also musst du auch unglücklich sein. Wenn ein Partner unglücklich ist, dann sind in einer Beziehung immer beide davon betroffen.«

Er fragte, was er tun könnte, um mich glücklicher zu machen. Ich war angenehm überrascht über seine Bereitschaft, sich mit mir und meinen Bedürfnissen auseinander zu setzen. Zum ersten Mal seit langer Zeit spürte ich einen Hoffnungsschimmer für unsere Ehe. Ich erklärte ihm, dass ich mich in unserer Ehe sehr einsam fühlte, da er und ich nicht miteinander kommunizierten. »Ich möchte vor allem spirituelle Gespräche mit dir führen«, erklärte ich ihm. »Es ist nicht notwendig, dass du die gleichen Dinge glaubst wie ich, doch es ist wichtig für mich, dass du meinen Ansichten gegenüber offen bist.«

Außerdem enthüllte ich ihm, wie alleine ich mich fühlte, wenn ich unterwegs war und Seminare hielt. Michael erklärte, dass er durch seine Arbeit gebunden war und nicht wegfahren konnte, ohne finanzielle Konsequenzen zu erleiden. Ich überlegte laut, ob es vielleicht irgendeine Möglichkeit für ihn gab, Geld zu verdienen, während er mit mir unterwegs war, und gemeinsam entschieden wir, dass er bei meinen Seminaren Kleidung verkaufen könnte.

Michael stellte eine wunderschöne Kollektion zusammen und begann, sie zu meinen Seminaren mitzunehmen – was jedoch nicht einfach war, da sie vier riesige Koffer erforderte. Die Kosten für die Flüge sowie die Mühe, sich um das schwere Gepäck zu kümmern, machten seine Begleitung auf meinen Reisen zu einer anstrengenden und teuren Angelegenheit. Nach unserem vierten Trip beschlossen wir, in Zukunft nicht mehr gemeinsam zu reisen.

Ich war also wieder alleine unterwegs. Sicher, öfter begleiteten mich mein Manager, Steve Allen, oder meine Söhne, doch das war nicht das Gleiche, wie einen liebenden Partner zu haben, an den ich mich nachts im Hotelzimmer kuscheln konnte.

Ich fühlte mich noch immer getrennt von Michael, unfähig, meine spirituellen Erkenntnisse und Erlebnisse mit ihm zu besprechen, ohne auf eine Wand aus Schweigen oder Skepsis zu stoßen. Eines Nachts in einem sterilen Hotelzimmer machte ich dem Universum unmissverständlich klar: »Entweder verschaffst du mir jetzt eine Beziehung mit einem Seelenpartner oder ich kündige!« Ich fühlte eine deutliche Bewegung in meinem Körper, als ich diese Worte mit hundertprozentiger Überzeugung aussprach.

KAPITEL 11

Liebe und Laguna-Yoga

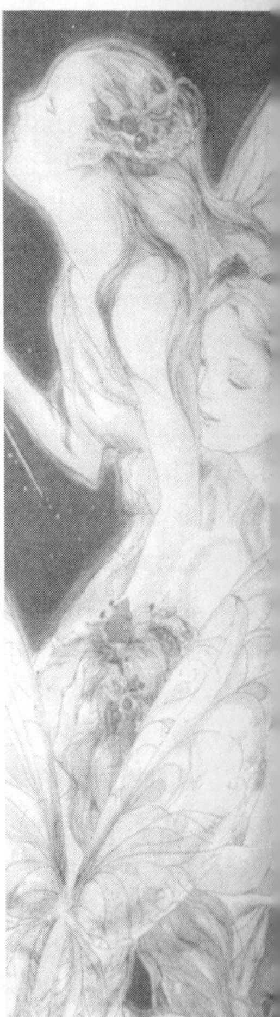

Am nächsten Tag landete mein Flugzeug auf dem John Wayne Airport bei Los Angeles. Während ich den Pacific Coast Highway entlang nach Dana Point fuhr, kam ich durch Laguna Beach und hatte eine plötzliche Erkenntnis: »Ich gehöre nach Laguna Beach!« Ich erinnerte mich, dass meine Großmutter in Laguna Beach gelebt hatte, als ich noch ein kleines Mädchen war. Ich liebte diese Gegend mit ihrem künstlerischen Flair und den vielen Blumen, die entlang der Küste blühten. Als ich weiterfuhr, sah ich eine klare Vision meiner selbst, wie ich in Laguna Beach in der Nähe des Ozeans wohnte und mich sehr zufrieden und glücklich fühlte.

Ich brachte meinen Koffer ins Büro und schaute nach Michael, damit ich ihm meine Absicht mitteilen konnte. »Ich möchte in Laguna Beach wohnen«, verkündete ich ihm ohne Umschweife. Innerhalb von zwei Monaten wurde meine Vision Realität. Wir zogen in ein idyllisches, von Geranien überwachsenes Häuschen in der Nähe des Ozeans in North Laguna. Ich liebte es, morgens durch den gepflegten Heisler Park zu joggen, tagsüber die Möwen zu füttern und jeden Abend den Sonnenuntergang zu beobachten. Das Glück, das mir dieser Ort schenkte, half mir, das fast ununterbrochene Reisen gut zu überstehen. Jedes Mal, wenn ich unterwegs war, vermisste ich Laguna Beach, wie eine Geliebte, die sich nach ihrem Liebhaber sehnt.

Außerdem ging ich gerne im Bioladen von Laguna Beach einkaufen. Eines Nachmittags schaute ich mir die Notizen auf dem schwarzen Brett dort an und erblickte einen Stapel Prospekte über Yogakurse in einem Studio namens »Laguna Yoga«. Ich nahm einen der Prospekte mit in dem Wissen, dass ich von göttlicher Hand geführt wurde.

Yoga für Anfänger

Intuitiv spürte ich, dass ich Yogastunden nehmen sollte, doch fühlte ich mich gleichzeitig eingeschüchtert. Zwar praktizierte ich seit vielen Jahren regelmäßig Sport, doch war ich nicht sicher, ob ich für Yoga beweglich genug war. Und wie zogen sich die Leute an, wenn sie zum Yoga gingen? Ich hatte Angst, dass ich mich fehl am Platze fühlen würde. Ich schob es immer wieder auf, mich für einen Kurs anzumelden, ließ aber den Prospekt neben meinem Telefon liegen. Jedes Mal, wenn meine Augen darauf fielen, spürte ich ein starkes inneres Drängen: *»Los, nun geh schon! Fang mit dem Yoga an!«*

Schließlich beschloss ich, ein paar Erkundigungen über Yoga einzuholen, um mein Gefühl von Unsicherheit abzubauen. Eines Nachmittags ging ich zu Laguna Yoga und schaute mir an, wie die Leute angezogen waren. Erleichtert stellte ich fest, dass die Teilnehmer einfach Leggins und T-Shirts trugen – wovon ich mehr als genug in meinem Kleiderschrank hatte.

Ich schrieb mich für drei Monate ein, bevor ich überhaupt eine Probestunde genommen hatte. Ich wusste, dass es wichtig für mich war, mich zu verpflichten, selbst wenn es mir zu Beginn keinen Spaß machen sollte. Ich beschloss, in der ersten Woche gleich bei vier Anfängerkursen mitzumachen, und die Resultate stellten sich umgehend ein. Die Lehrerin, Annabel, erinnerte mich an eine inkarnierte Fee. Sie war liebevoll, hilfsbereit und sehr inspirierend. Das Gefühl von Entspannung und Euphorie nach jeder Kursstunde erstaunte mich. Außerdem merkte ich, dass als Resultat meiner Yogapraxis sowohl meine übersinnlichen Fähigkeiten als auch meine Konzentrationsfähigkeit besser wurden. Yoga, so viel stand für mich fest, war ein Geschenk Gottes für diejenigen, denen es schwer fällt zu meditieren.

Nach den Kursstunden hörte ich, wie einige Schüler über die Besitzerin von Laguna Yoga sprachen, eine Frau namens Johnna. Sie sprachen voller Wärme über sie und ich stellte mir vor, dass jemand, der ein so schönes Yoga-Zentrum aufbauen und leiten konnte, ein besonderer Mensch sein musste. Ich freute mich darauf, Johnna kennen zu lernen.

Schon am nächsten Tag wurde mein Wunsch erfüllt. Alle Schüler saßen auf Yogamatten und warteten auf den Beginn der Stunde. Die Tür zum Studio öffnete sich und mehrere Schüler riefen aufgeregt: »Hallo, Johnna!« Ich betrachtete die junge Frau, die etwa Anfang dreißig war, mit dunklem Haar und großen blauen Augen, und wusste sofort: Johnna und ich werden wunderbare Freundinnen werden.

Am nächsten Tag brachte ich ihr ein Deck meiner Orakelkarten. Drei Tage später traf ich sie zufällig in der Bank. Sie umarmte mich mit einem liebevollen Lächeln und erzählte mir, wie viel Vergnügen ihr die Engelkarten machten. »Gerade bevor ich hierher kam, habe ich eine gezogen!«, erklärte sie begeistert.

Da dies die erste Gelegenheit war, bei der ich mich privat mit Johnna unterhalten konnte, fragte ich sie nach ihrer Arbeit mit Sai Baba, dem indischen Meister. Johnna erzählte, dass sie im Jahr zuvor in Indien gewesen war und an mehreren Darshans von Sai Baba teilgenommen hatte, bei denen er durch den Ashram ging und die vielen Menschen segnete, die sich eingefunden hatten, um ihn zu sehen. Johnna bat um ein persönliches Gespräch mit Sai Baba und es wurde ihr gewährt. Ich war fasziniert und beeindruckt von Johnna und froh, eine neue Freundin gefunden zu haben. Wir verabredeten uns zum Mittagessen. Bald wurden wir unzertrennlich.

Ich ging beinahe jeden Tag zum Yoga, und während ich körperlich und geistig an Kraft gewann, traf ich ein paar wichtige Entscheidungen. Ich erkannte, dass meine Ehe mit Michael nicht zu retten war. Wir hatten es mit

Paartherapie versucht, mit Engeltherapie und Gebeten, doch manchmal entspricht Heilung nicht dem, was man sich darunter vorgestellt hat. Ich war mir inzwischen sicher, dass meine göttliche Führung mir mitteilte, dass ich diese Ehe beenden sollte und dass diese Entwicklung eine Antwort auf meine Gebete und ein Resultat meiner Manifestationsarbeit mit den Feen war.

Als auch der letzte Zweifel aus meinem Herzen verschwunden war, ging ich zu Michael und bat ihn zum zweiten Mal um die Scheidung. Das erste Mal, zwölf Monate zuvor, hatte er mich gebeten, ihm eine Chance zu geben und es noch ein Jahr lang mit ihm zu versuchen. Er hatte versprochen, dass sich die Dinge verändern würden. Ich war auf seine Bitte eingegangen, doch am Ende dieses Jahres war ich in meiner Ehe unglücklicher als je zuvor. Ohne jemandem die Schuld zuzuweisen, bat ich ihn in bestimmtem Ton um die Trennung. Ich fühlte keine Trauer – nur ungeheure Erleichterung.

Magische Anziehung

Ich nahm weiter an Yoga-Kursen teil und spürte, wie meine Muskeln kräftiger und gleichzeitig geschmeidiger wurden. Ich war nun in der Lage, die verschiedenen Yogastellungen, die Asanas, mit Leichtigkeit zu halten. Während ich in der Vergangenheit beispielsweise große Schwierigkeiten gehabt hatte mit einer Stellung, bei der man sich, in der Taille gebeugt, auf Händen und Füßen aufstützt und das Hinterteil hoch in die Luft reckt, empfand ich sie heute als herrlich entspannend.

Eines Abends nahm ich an einem Kurs teil, in dem wir eine Position lernten, bei der wir in Rückenlage die Beine nach beiden Seiten drehen sollten. Dazu streckten wir unsere Arme in Form eines »T« aus und legten dann unsere Knie nach rechts und nach links ab. Versehentlich berührte dabei meine Hand die des Teilnehmers rechts von mir und ich schaute zu ihm hinüber. Mein Blick traf auf einen Mann mit leuchtend blauen Augen, silbernem Haar und einem gewinnenden Lächeln. Im Laufe der Stunde tauschten dieser Mann und ich immer wieder ein Lächeln aus und stießen hier und da zufällig aneinander. Am Ende der Stunde war ich hingerissen von ihm.

Ich musste unbedingt mit diesem Mann sprechen! Nach der Stunde folgte ich ihm diskret in den Raum, wo die Schüler wieder ihre Schuhe anzogen. »Hallo, ich heiße Doreen«, stellte ich mich vor.

»Steven« antwortete er und gab mir die Hand. Seine Augen und sein warmherziges Verhalten schienen mich angenehm einzuhüllen. Steven stellte mich seiner Tochter vor, Nicole, die an der Rezeption von Laguna Yoga arbeitete.

Am nächsten Tag beim Mittagessen sprachen Johnna und ich über unser Liebesleben. Sie fragte mich: »Gibt es irgendeinen Mann bei Laguna Yoga, an dem du interessiert bist? Ich würde mich freuen, wenn ich dich mit jemandem zusammenbringen könnte.«

»Tatsächlich gibt es da jemanden«, erwiderte ich. »Er heißt Steven und ist der Vater von Nicole.«

»Steven Farmer!« Johnna kannte ihn. »O ja, er wäre perfekt für dich. Er ist Psychotherapeut, genau wie du.«

»Weißt du zufällig, in welchem Sternzeichen er geboren ist?«, fragte ich nach.

»Ich bin ziemlich sicher, dass er Krebs ist«, antwortete Johnna.

Kein Wunder, dass ich mich sofort von ihm angezogen fühlte!, dachte ich. Mein Vater war ein Krebs und ich hatte die Neigung, mich zu Krebs-Männern hingezogen zu fühlen – auch wenn meine Beziehungen zu ihnen nie lange hielten, da ich Schwierigkeiten hatte, mit den berühmten Stimmungsschwankungen des Krebses umzugehen.

Ich hatte soeben ein äußerst interessantes Buch über Astrologie gelesen, in dem es hieß, dass ich mich als Stier-Frau in einer Beziehung mit einem Steinbock am wohlsten fühlen würde, doch waren meine Kontakte mit Männern dieses Zeichens bisher immer frustrierend gewesen. Ich hatte ein paar wunderbare Steinböcke getroffen, die an einer Liebesbeziehung mit mir interessiert gewesen waren, doch hatte ich mich nie zu ihnen hingezogen gefühlt. Meine Leidenschaft schien sich immer auf Männer zu richten, die in einem Wasserzeichen geboren waren, auch wenn sie letzten Endes – so bestätigte es das Astrologiebuch – nicht gut für mich waren.

»Ein Krebs. Wie interessant!«, sagte ich.

»Nun, ich werde mit ihm reden und es für dich herausfinden«, versprach Johnna.

Steven ging mir nicht mehr aus dem Kopf und ich rief Johnna jeden Tag an, um zu hören, was sie erreicht hatte. »Ich hatte immer noch keine Gelegenheit, mit ihm zu reden«, sagte sie.

Ich belästigte Johnna unaufhörlich und fragte nach Steven. Wenn ich Nicole sah, bat ich sie, ihren Vater von mir zu grüßen. Ich traf Steven bei zwei weiteren Yoga-Stunden und dann eine Weile nicht mehr. Johnna erzählte mir, dass seine beiden Brüder kurz hintereinander gestorben waren und er sehr darunter litt. Ich hatte das starke Bedürfnis, ihn anzurufen und zu fragen, ob ich ihm irgendwie helfen könnte. Schließlich hatte ich in meiner spirituellen und klinischen Arbeit viel über Trauerarbeit gelernt. Doch irgendetwas hielt mich davon ab, mit ihm Kontakt aufzunehmen.

Ich ging ein paar Mal mit anderen Männern aus, doch empfand ich solche Treffen immer als schmerzhaft und leer. Ich sehnte mich nach meinem Märchenprinz: ein Mann, der spirituell orientiert, gesundheitsbewusst, fröhlich und witzig war und mit dem mich eine starke romantische und körperliche Anziehung verband. Ich versuchte es sogar mit Partnervermittlungsagenturen, doch mein Seelengefährte schien sich mir zu entziehen. Ich hatte Steven Farmer noch immer nicht vergessen, doch jedes Mal, wenn ich Johnna nach ihm fragte, sagte sie irgendetwas Entmutigendes. Es hatte den Anschein, als müsste ich mich mit meiner erfolgreichen Karriere und meiner guten Gesundheit zufrieden geben. *Vielleicht können wir letzten Endes doch nicht alles haben*, entschied ich. *Ich sollte besser mit dem zufrieden sein, was ich habe.*

Doch mein innerer Frieden war nicht von Dauer und eines Tages saß ich im Flugzeug neben meinem Manager, Steve Allen, und beklagte mich bitterlich bei ihm über meine Einsamkeit als Frau. Steve, ein Familienvater mit einer soliden Ehe und vier kleinen Kindern, verstand die Bedeutung eines liebevollen Zuhauses. »Warum ziehst du nicht ein paar von deinen Engelkarten und fragst den Erzengel Michael um Rat für dein Liebesleben?«, schlug er vor.

Ich beschloss, seinen Vorschlag umgehend zu befolgen, und zog vier Karten aus dem Deck. Als ich sie umdrehte, lagen vor mir »Seelengefährte«, »Neue Liebe«, »Neubeginn« und »Vertrauen«. Ich starrte auf die Karten. Es gab keinen Zweifel an dem, was sie mir sagten. Ich würde meinen Seelengefährten finden. Und die Karte »Neubeginn« bedeutete, dass die Beziehung zu einer Ehe führen würde. Ein Gefühl der Ruhe überkam mich und breitete sich bis in meinen Bauch aus.

Steve warf einen Blick auf die ausgelegten Karten und meinte nur: »Siehst du? Ich hab dir doch gesagt, dass alles gut wird.« In diesem Augenblick empfand ich allumfassenden Frieden.

Meine Seminare und Vorträge führten mich an viele aufregende Orte. Ich genoss den Kontakt mit dem Publikum, die Engel-Readings, die ich gab, und das Signieren von Büchern. Ich leitete gern Seminare, doch der Austausch mit einzelnen Menschen war das, was mein Herz wirklich beflügelte und mir Energie gab.

Dennoch wusste ich, dass mein Leben nicht im Gleichgewicht war, mit so vielen Reisen und nicht genug Zeit für Erholung und zum spielerischen Ausgleich. Außerdem sah ich, dass Johnna unter einer ähnlichen Form von Erschöpfung litt. »Komm, lass uns ein paar

Tage frei nehmen und nach Sedona fahren«, schlug ich ihr deshalb eines Tages vor.

Wir setzten uns mit Peter Sterling in Verbindung, einem Harfenisten, der in Sedona wohnt. Ich hatte Peter sechs Jahre zuvor auf einer Esoterikmesse kennen gelernt. Ich war von seiner Musik fasziniert gewesen und hatte sofort eine CD von ihm gekauft. Sie lief meistens im Hintergrund, während ich die Texte für *Das Heilgeheimnis der Engel* channelte, und bin überzeugt, dass die Schwingungen seiner himmlischen Musik mir halfen, zum offenen Kanal für die Durchgaben der Engel zu werden.

Seit jener Zeit hat Peter, der eine hellhörige Verbindung mit den Reichen der Engel und Feen hat, bei mehreren meiner Seminare Harfe gespielt. Er und Johnna kannten sich ebenfalls und wir alle freuten uns darauf, ein paar Ferientage in Sedona zu verbringen.

KAPITEL 12

Die Feen und Kobolde von Sedona

Die roten Berggipfel von Sedona leuchteten in strahlendem Kontrast zum unglaublich blauen Himmel über Arizona. Johnna und ich joggten einen Feldweg aus roter Erde entlang und es war nichts zu hören außer den Schritten unserer Schuhe auf dem Erdboden. Wir hielten an und atmeten schwer, während wir die Schönheit um uns herum auf uns wirken ließen.

Ich fühlte mich häufig einsam und mein Vertrauen, dass ich meinen Seelenpartner finden würde, war schwankend. Dennoch bekräftigte ich weiterhin meine Erwartungen hinsichtlich einer spirituell glücklichen Beziehung. Mein Vertrauen in die Zusagen der Engel *(»Er kommt, er kommt«)* wurde durch die starke Energie der Sedona-Kraftfelder neu belebt. In Bezug auf die Liebe war es ein enttäuschendes Jahr gewesen, doch hatte ich die Hoffnung noch nicht aufgegeben. Irgendetwas in meinem Inneren sagte mir, dass »er« – der geheimnisvolle Mann, von dem die

Engel sprachen und den ich in meinem Herzen fühlen konnte – ganz in meiner Nähe war, sozusagen um die nächste Ecke.

Peter, Johnna und ich fuhren zu einer Stelle im Oak Creek Canyon, den die Ortsansässigen »die Feenteiche« nennen. Wir wateten in dem eiskalten Bach und erfrischten unsere erhitzten Körper. In den Wiesen rund um den Bach konnte ich Tausende von Feen und Kobolden sehen und fühlen. Sie hießen Peter, Johnna und mich begeistert willkommen und ließen mich wissen, dass sie Informationen für mein nächstes Buch hatten.

Botschaften am Mushroom Rock

Peter erklärte mir: »Vor eurer Ankunft war ich schon einmal hier bei den Feenteichen gewesen. Die Feen sagten mir, dass sie dich einladen wollten, Zeit mit ihnen beim Mushroom Rock (Pilzfelsen) zu verbringen.« Darauf führte mich Peter zu einem riesigen, flachen Felsen, der an einer breiten Stelle aus dem Bach herausragte. Er und Johnna gingen spazieren und ließen mich mit den Elementarwesen allein, die auf und am Mushroom Rock lebten.

Ich legte mich mit dem Rücken auf den Felsen, in den Händen zwei Steine, die ich in Sedona gekauft hatte. Den herzförmigen Sugalit legte ich auf mein Kehlkopf-Chakra. Sugalit hat mir immer schon beim Formulieren von Texten und beim Channeln geholfen. Wenn ich einen Sugalit trage oder in der Hand halte, empfinde ich beinahe dasselbe Gefühl, wie wenn ich mit dem Erzengel Michael spreche. Bei dem zweiten Stein handelte es sich um eine Quarzkristallspitze, die ich auf mein »Drittes Auge« legte, um meinen Kanal des Hellsehens noch weiter zu öffnen.

Beinahe umgehend fiel ich in eine Art Halbtrance, ähnlich einem bewussten Traumzustand. Vor meinem inneren Auge sah ich mehrere Respekt einflößende Kobolde vor mir stehen, die ungefähr einen Meter groß waren. Über mir erblickte ich Feen, die akrobatisch hin und her flogen und durch die Luft schwirrten.

Die Kobolde schienen einen geistigen Film in meinem Inneren einzuschalten. Ich sah die Pilze im Garten des Hauses in Dana Point. *»Erinnerst du dich an sie?«*, fragten sie mich.

Ja, natürlich.

»Diese Pilze waren unser Zuhause! Du hast sie abgemäht!«

Das war nicht ich. Es war Michael, mein geschiedener Mann!, protestierte ich.

»Du hast es zugelassen, bist untätig daneben gestanden und hast nichts unternommen. Wie würde es dir gefallen, wenn jemand dein Haus zerstören würde?«

Ich vergoss heiße, bittere Tränen der Schuld und Trauer.

»Jedes Mal haben wir dir vergeben und wieder ein neues Zuhause wachsen lassen. Du hast damals so eng mit den Feen zusammengearbeitet, dass wir dachten, du würdest die Verbindung erkennen! Schließlich hattest du uns in dein Leben eingeladen. Doch als wir erschienen und uns ein Heim in deinem Garten einrichteten, was hast du getan? Jedes Mal hast du unser Zuhause wieder zerstört!«

Mittlerweile war ich völlig verzweifelt und flehte sie an, mir zu verzeihen.

»Das gilt auch für unser aller Zuhause, den Planeten Erde. Die menschliche Rasse hat keine Ahnung, wie sehr sie die natürlichen Ressourcen zerstört. Du musst noch viel deutlicher herausstellen, wie wichtig – wie dringend notwendig – es ist, in Harmonie mit der Natur zu leben. Bitte fordere dein Publikum auf, nur biologisch und ohne Pestizide angebaute Nahrungsmittel zu kaufen, damit auf den Feldern nicht mehr so viele Gifte gesprüht werden. Bitte sag ihnen, sie sollen ihren Abfall wieder verwerten und auf unsere Erde aufpassen.«

Das werde ich tun, ich verspreche es!

Dann, erschöpft von meinen Tränen, lag ich schwer atmend auf dem Felsen. Ich erkannte, dass ich – von einem menschlichen Standpunkt aus gesehen – völlig allein war. Johnna und Peter waren gegangen und ich konnte weder Autos noch irgendwelche anderen Zeichen menschlicher Nähe sehen oder hören. Ich schlang die Arme um meinen Oberkörper, um das Gefühl der Verletzlichkeit abzuwehren.

Ich hatte mir selbst seit einiger Zeit nicht mehr gestattet, vollkommen alleine zu sein. Sicher, ich war in Hotelzimmern oder zu Hause allein gewesen, doch hatte ich immer die Möglichkeit gehabt, über Telefon, Mail oder durch einen persönlichen Besuch Verbindung mit anderen Menschen aufzunehmen. In diesem Moment jedoch gab es keine unmittelbare Möglichkeit, mit einem anderen Menschen in Kontakt zu treten. Es gab nur die Elemente, die Elementarwesen und mich.

Als ich so dalag, wurde mir klar, das ich meine Ehe aufgrund dieser Angst vor dem Alleinsein viel länger aufrechterhalten hatte, als mir lieb gewesen war. Dann fühlte ich das tröstende und vertraute Gefühl, vollständig von Feen bedeckt zu sein. *Sie entfernen die schmerzhaften Erinnerungen an meine Ehe und die Scheidung aus meiner Seele und heilen sie!*, erkannte ich voller Freude und Dankbarkeit.

Die Feen sammelten die negativen Gedankenformen ein, so wie Erntearbeiter die Äpfel von einem Baum pflücken. Wie immer, wenn die Feen an mir arbeiteten, fühlte sich mein Körper wie gelähmt an, als ob ich den Vorgang in einem Zustand der Halbtrance beobachtete. Es war beinahe Sonnenuntergang, bevor sie ihre Reinigungsarbeit beendet hatten, und ich schlief ein, erleichtert und mit dem Gefühl, dass ich von dem alten Schmerz befreit worden war.

Irgendwann kehrten Peter und Johnna von ihrem Spaziergang zurück und weckten mich sanft.

KAPITEL 13

Die Realität mythischer Geschöpfe

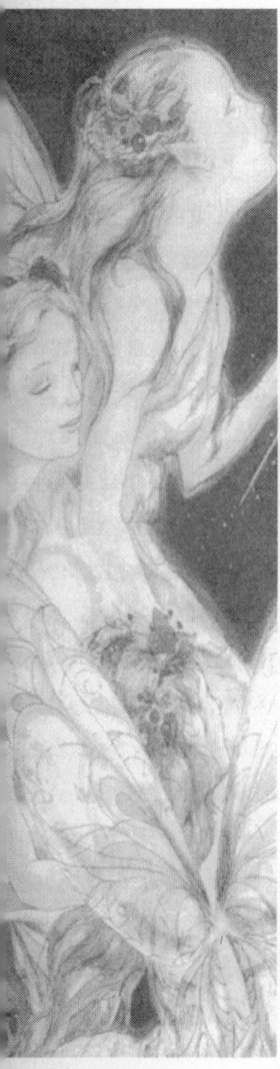

Freitagabends gab ich in der Regel den Teilnehmern meiner Seminare Readings. Ich genoss es, unterwegs zu sein und neue Menschen kennen zu lernen, und ganz besonders genoss ich es, Readings zu geben. Zum einen lernte ich von jedem meiner Klienten etwas. Die Engel und Verstorbenen lehrten mich immer eine Menge über das Leben und den Tod. Außerdem entdeckte ich dabei, dass viele Menschen Elementarwesen als Führer oder Schutzengel haben. Zum Beispiel huschen den als Menschen inkarnierten Elementarwesen oftmals mehrere Feen um die Schultern und die Menschen, zu deren Lebensaufgabe es gehört, der Umwelt, den Tieren und Pflanzen zu helfen, sind immer von Elementarwesen umgeben.

Einmal gab ich einer jungen Studentin ein Engel-Reading. Sie hatte wissen wollen, wer ihre Führer in der geistigen Welt sind, also versetzte ich mich in eine Halbtrance und tastete geistig ihren Kopf und ihre Schultern ab, um ihre

Führer und Engel zu identifizieren. Sie hatte eine Auswahl verstorbener Verwandter um sich, die wir als ihre Mutter, ihre Großmutter mütterlicherseits und einen Onkel väterlicherseits identifizierten. Sie war zutiefst dankbar dafür, mit ihrer Mutter sprechen zu können, und ihr Gesicht erstrahlte in einem glückseligen Lächeln. Dann stimmte ich mich wieder ein, um zu sehen, wer sonst noch bei ihr war, als mir plötzlich beinahe der Atem stockte. »O mein Gott! Sie haben ein Einhorn bei sich!«

Das Einhorn war weißlich blau, von beinahe schimmernder Farbe. Es war klein, von den Hufen bis zum Ohr nicht mehr als einen Meter hoch. Und mitten auf der Stirn spross sein magisches Horn. Das war kein verstorbenes Pony, das die Nähe seiner früheren Besitzerin suchte, so wie es die meisten Haustiere nach ihrem Tod tun. Nein, dies war ein echtes Einhorn!

Ich fragte sie: »Mögen Sie Einhörner?«

»O ja, sehr sogar!«, rief sie überrascht aus.

Ich erhielt eine hellfühlige Botschaft, die mir signalisierte, dass das Einhorn eben deshalb bei ihr war, weil sie für diese Tiere eine besondere Liebe empfand. So wie Menschen, die Engel lieben, in der Regel viele Schutzengel in ihrer Nähe haben, gilt das Gleiche für diejenigen, die Einhörner lieben. Ich habe seit jenem Tag bei Dutzenden anderer Menschen Einhörner gesehen. Wenn sie auch seltener auftreten als Engel und Feen, so sind Einhörner doch in einer höheren Dimension definitiv real.

Ich entdeckte mehr und mehr, dass viele der so genannten mythischen Geschöpfe wirklich existieren. Sie befinden sich auf einer Ebene, die eine höhere Schwingung hat als unsere physische Dimension, was der Grund dafür ist, dass unsere Augen diese Wesen normalerweise nicht entdecken. Ich fragte mich, ob Einhörner einmal auf der Erde gelebt haben, dann vernichtet wurden und ausgestorben sind – und heute nur noch in der Geisterwelt auftauchen? Mir fielen die vielen Renaissancegemälde ein, die ich gesehen hatte und auf denen Einhörner als reale Tiere dargestellt sind. Vielleicht waren die Maler vergangener Jahrhunderte hellsichtiger auf die geistige Welt eingestimmt als wir heute.

Gedankenformen der Angst

Im Laufe der vielen tausend Readings, die ich gegeben habe, wurde mir klar, dass in der geistigen Welt auch Kobolde, Drachen und Gnome existieren. Ich stellte fest, dass Wesen, die Vogel-, Schmetterlings- oder Libellenflügel haben, Geschöpfe des göttlichen Lichts sind, bei denen man darauf vertrauen kann, dass sie hilfreiche und wohlwollende Seelen sind. Wesen mit fledermausartigen Flügeln und Krallen sind jedoch in der Regel Schöpfungen des Ego und daher ohne inneres Licht. Sie sind Boten des Chaos, der Depression und Angst.

Einige Mythen bezeichnen diese fledermausartigen Wesen als »Beschützer«, doch meine Erfahrungen haben mir wiederholt gezeigt, dass sie statt Schutz nur Schmerz und Elend bringen. Oft schlagen sie ihre Krallen in die Schulterblätter von Menschen, die Statuen von Gargoyles besitzen (Wasserspeier in Form von Fabelwesen an alten gotischen Kirchen) und sie damit unbewusst einladen. Diese Leute leiden häufig unter starken Schulterschmerzen, die von den Krallen und der dunklen Energie der fledermausgeflügelten Geschöpfe herrühren.

Wann immer ich einen Klienten mit einem Gargoyl auf der Schulter sehe, rufe ich umgehend den Erzengel Michael an, damit er das Wesen entfernt. Diese »Exorzismen« sind bisher immer erfolgreich verlaufen, es sei denn, der Betreffende wollte die Dunkelheit nicht loslassen, die das fledermausgeflügelte Geschöpf mit sich brachte. Meine Klienten berichteten von einem sofortigen Nachlassen der Schulter- und Nackenschmerzen nach diesen Sitzungen, sodass ich begann, bei meinen Ausbildungen und Trainings die Methode an Chiropraktiker und Körpertherapeuten weiterzugeben. Die Rückmeldungen von diesen professionellen Therapeuten waren immer sehr ermutigend. Jedoch betone ich gegenüber meinen Seminarteilnehmern immer wieder, dass wir uns selbst heilen können, indem wir den Erzengel Michael oder irgendeinen unserer anderen Freunde in der geistigen Welt anrufen.

Begegnung mit einer Meerjungfrau

Eines Tages saß ich am Strand von Laguna und meditierte. Ich hatte die Augen geöffnet und schaute auf den Ozean. Ich beobachtete die Meeresgeister, wie sie über dem Wasser tanzten – durchsichtige kleine Feen, die das Wasser und seine Bewohner beschützen. Plötzlich sah ich ein riesiges ätherisches Wesen wie einen fliegenden

Delphin aus dem Wasser springen. Vor Staunen blieb mir der Mund offen stehen, als mir klar wurde, dass ich soeben eine Meerjungfrau erblickt hatte!

Meine Arbeit mit dem Elementarreich hatte mich definitiv aufgeschlossener für solche Erscheinungen gemacht, doch selbst mir fiel es schwer, die Existenz einer Meerjungfrau zu akzeptieren. Ich entschied, dass sie wohl ein Produkt meiner Phantasie gewesen war. Wahrscheinlich hatte ich einen Pelikan gesehen, der nach einem Fisch tauchte, und ihn irrtümlich für eine Meerjungfrau gehalten. Doch da war sie schon wieder und schwebte über dem Wasser. Sie war kein physisches Wesen, sondern ein ätherisches, durchscheinendes Bild, das ich gleichzeitig mit meinen geistigen und physischen Augen wahrnehmen konnte.

Sie war von hinreißender Schönheit, vielleicht die schönste Frau, die ich je gesehen hatte. Die türkisfarbene untere Hälfte ihres Körpers war mit schimmernden, paillettenartigen Schuppen bedeckt. Ihr Haar fiel in flachsfarbenen Wellen über ihren Rücken. Und sie hatte Engelsflügel! Zwei enorme Flügel mit weißen Federn schienen aus ihren Schulterblättern zu kommen.

Einen Moment lang blickten wir einander an und ich fühlte, wie ihr mein Herz in einer Umarmung schwesterlicher Vertrautheit entgegeneilte. Sie vermittelte mir ein Gefühl universaler Liebe für den Ozean und für die Menschheit. In meinem Inneren hörte ich sie sagen: *»Ich bin eine von vielen Meerjungfrauen auf dieser dichten Stufe der Astralebene. Wir arbeiten meist hinter den Kulissen, indem wir Menschen helfen, bessere Entscheidungen über den Umgang* *mit unseren Meeren und über unsere Zukunft zu treffen. Viele Wesen* (dabei zeigte sie mir innere Bilder von Fischen und anderen Lebewesen, die in der Tiefe des Meeres wohnen) *sind auf die Gesundheit unserer Gewässer angewiesen. Du musst wissen, der Ozean ist eine lebendige, atmende Wesenheit und seine Geschöpfe hängen vollkommen von ihm ab. Bitte, ihr Menschen, sorgt für die Gesundheit unserer Mutter Erde, unseres ganzen Planeten und damit auch unseres Sonnensystems, indem ihr aufhört, die Umwelt zu vergiften.«*

Ich fühlte eine tiefe innere Verwandtschaft mit der Meerjungfrau, da ich mich seit jeher zum Ozean hingezogen fühle. Sie schien eine wunderbare Mischung zwischen dem Reich der Engel und der Elementarwesen zu sein. Ich fragte sie nach ihren Flügeln, da ich mich nicht erinnern konnte, jemals Bilder von Meerjungfrauen mit Engelsflügeln gesehen zu haben.

»Meerjungfrauen, wie ihr sie euch vorstellt, existieren tatsächlich. Ich gehöre zu einer Gruppe, die als Meerengel bezeichnet werden. Wir entsprechen auf unserer Ebene euren Lichtarbeitern – Wesen mit besonderem Auftrag, um bei der Veränderung der Energie auf der Erde zu helfen. Unsere Kusinen sind die Meerfeen – kleinere Meerjungfrauen mit Feenflügeln, die den Flügeln von Libellen und Schmetterlingen ähneln.

Wir Meerengel sind sozusagen die Erzengel des Ozeans, während die Meerfeen die Aufsicht über die Seen, Flüsse, Bäche und Teiche haben. Gemeinsam wachen Meerengel und Meerfeen über alle Gewässer und ihre Bewohner. Die Gewässer der Erde sind wie das Blut und andere Flüssigkeiten im Inneren des menschlichen Körpers. Es ist wichtig, dass sie nicht noch stärker verschmutzt werden, denn der maximale Grenzwert ist fast schon erreicht.«

Was können wir tun, um zu helfen?, fragte ich aufrichtig.

»Viele Menschen haben sich bereits die Tugend des Recycling angewöhnt, was auf jeden Fall hilft! Verwendet außerdem nur umweltfreundliche, biologisch abbaubare Reinigungsmittel, wie sie in Bioläden erhältlich sind. Kommerzielle Reinigungsmittel und Pestizide sind eine Bedrohung für viele Arten von Wasserlebewesen und werden sich letztendlich auf alles Leben auf dem Planeten negativ auswirken.

Es ist jetzt an der Zeit, Verantwortung für die Beschaffenheit des Wassers zu übernehmen! Die Lebensaufgabe inkarnierter Elementarwesen besteht darin, uns zu helfen, die Umwelt zu reinigen. Und wir Meerengel haben völliges Vertrauen, dass die Lichtarbeiter und inkarnierten Elementarwesen ihre Aufgabe erfüllen werden. Wir vertrauen darauf, dass sie die Menschen über die Wichtigkeit von Recycling, die Benutzung umweltfreundlicher Reinigungsmittel, den Verzehr organischer Nahrungsmittel und die Übernahme persönlicher Verantwortung für die Umwelt unterweisen. Wir zählen auf ihre Hilfe!«

Ich versprach dem Meerengel, dass ich ihre Botschaft weitergeben würde. Sie betonte noch einmal, wie wichtig jeder einzelne Lichtarbeiter und jedes inkarnierte Elementarwesen für die Gesundheit der Erde ist. *»Jeder einzelne Mensch kann von ungeheurer Hilfe für uns sein!«*, fügte sie hinzu. Im nächsten Augenblick verwandelte sich ihr ätherischer Körper in einen schimmernden Nebel, ähnlich dem Sprühen der Brandung. Dann war sie verschwunden.

Ich atmete tief, um die Botschaft des Meerengels und ihre liebevolle Energie in mich aufzunehmen. Als ich zu den Wasserwogen hinübersah, über denen sie geschwebt war, fiel mein Blick auf den vertrauten Anblick von Flossen, die sich im Einklang durch das Wasser bewegten. *Delphine!*, sagte ich zu mir selbst. *Die Delphine sind hier!*

Ich sah zu, wie die Gruppe der Delphine sprang und tanzte, während sie gemeinsam nach Süden in Richtung San Diego schwammen. Jedes Mal, wenn ich Delphine sah, war ich von ihrer magischen Anmut verzaubert. Heute, nach der Unterhaltung mit dem Meerengel, empfand ich ein neu erwachtes Gefühl der Liebe für diese göttlichen Geschöpfe des Meeres. Ich dachte erneut, wie herrlich es wäre, eines Tages mit Delphinen zu schwimmen …

Später am Nachmittag ging ich zum Bioladen in Laguna Beach, um mein Versprechen dem Meerengel gegenüber einzuhalten und umweltfreundliche Reinigungsmittel zu kaufen. Denn bisher hatte ich meinen Vorrat an Putz- und Reinigungsmitteln noch nicht nach Umweltgesichtspunkten ausgewählt. An diesem Tag kaufte ich nun endlich umweltfreundliche Spül- und Waschmittel, Shampoos und Seifen. Außerdem wählte ich Küchen- und Toilettenpapier aus ungebleichtem Recyclingpapier. Diese Waren kosteten zwar etwas mehr als im normalen Supermarkt, doch ich wusste, dass ich damit in das Wohl der Umwelt investierte. Das gab mir mehr Selbstachtung, wie immer, wenn ich das Gefühl habe, das Richtige zu tun.

An der Kasse glitt mein Blick über die verschiedenen Magazine, die zum Verkauf auslagen. Eines fiel mir besonders auf. Ich hatte das Magazin seit Jahren nicht mehr gelesen, doch diese bestimmte Ausgabe schien mich direkt anzusprechen, sodass ich ein Exemplar mitnahm.

Als ich nach Hause kam, sah ich meine Post durch und fand einen Brief meines Vaters. Er schickt mir regelmäßig ausgeschnittene Zeitungsartikel, von denen er denkt, sie könnten mich interessieren. An diesem Tag stellte ich zu meiner Überraschung fest, dass er mir einen Artikel über eine Frau geschickt hatte, die mit Delphinen schwamm. »Mit Delphinen schwimmen« war eines der Vorhaben, das auf der Liste der Dinge, die ich eines Tages tun wollte, ganz oben stand. Ich hatte mit mehreren Leuten gesprochen, die bereits mit Delphinen geschwommen waren, unter anderem mit meiner Mutter und meinen Freundinnen Arielle und Bonnie. Alle drei hatten mir von der transformierenden Wirkung der Delphine auf ihr Leben berichtet.

Arielle beschrieb die Liebe, die sie in den Augen »ihres« Delphins sah, und verglich sie mit Berichten von Menschen über Nahtod-Erfahrungen, bei denen sie von einem Licht voll bedingungsloser Liebe geheilt wurden. Meine Mutter erzählte, sie hätte nie vorher eine solche Freude empfunden, und ihr Foto mit dem Delphin zeigt das strahlendste Lächeln, das ich je auf ihrem Gesicht gesehen hatte. Meine Freundin Bonnie reist regelmäßig nach Hawaii, weil sie ihre Erlebnisse mit den Delphinen als so verjüngend und erquickend empfindet.

Ich ging mit der Zeitschrift, die ich gerade gekauft hatte, in mein Schlafzimmer. Eine Seite öffnete sich und darauf stand ein langer Artikel über das Schwimmen mit Delphinen. *Das ist das dritte Mal an einem Tag, dass ich die gleiche Botschaft bekommen habe,* stellte ich interessiert fest.

Am nächsten Tag überprüfte ich meine Mails. Ich hatte nicht mehr an die Delphine gedacht, bis ich eine Nachricht von jemandem las, der mich fragte, ob ich schon mit Delphinen geschwommen sei. *Was ist hier eigentlich los?*, wunderte ich mich.

Zwei Wochen später hatte ich eine Verabredung zum Frühstück mit einem Freund in einem Restaurant in der Nähe meines Hauses in North Laguna Beach. Während wir auf einen Tisch warteten, ließ ich meinen Blick über die anderen Gäste schweifen. Ein Mann las die Los Angeles Times und dabei stach mir ein riesiges Farbfoto auf der offenen Seite vor ihm ins Auge. Es war blau und wirkte auf eigenartige Weise wie das Bild eines Delphins aus. *Das kann nicht sein,* dachte ich. Ich drehte mich um, damit ich die Zeitung genauer sehen konnte, und richtig, der Mann las eine Reisebeilage mit der Überschrift »Mit Delphinen schwimmen«.

Seit dem Tag, an dem ich jene Zeitschrift gekauft hatte, hatte ich zwei oder drei Botschaften täglich erhalten, die mit Delphinen zu tun hatten. Mittlerweile war ich mir sicher, dass die Delphine mich riefen, damit wir uns näher kennen lernen konnten. Ich fühlte mich emotional bereit, doch war ich nicht sicher, wie ich die Begegnung verwirklichen konnte. Ich kontaktierte meine Freundinnen, die Erfahrungen mit Delphinen hatten, doch mein Gefühl sagte mir, dass es auf andere Weise passieren würde.

Da die Engel mich gut trainiert hatten und ich daher in der Lage war, alle Gedanken loszulassen, wie ich meine Absicht in die Tat umsetzen sollte, machte ich mir keine Sorgen über die nächsten Schritte. Ich wusste, dass ich geführt werden würde. Selbst wenn ich anfangs in die Irre gehen sollte, war ich mir sicher, dass ich irgendwann den richtigen Weg einschlagen würde. Deshalb hatte ich auch so viele Botschaften über das Schwimmen mit Delphinen erhalten – die göttliche Führung hatte sich einfach so oft zu Wort gemeldet, bis ich es schließlich »mitgekriegt hatte«.

Meine Führung sagte mir: »*Verpflichte dich einfach nur, irgendwann mit den Delphinen zu schwimmen. Sprich darüber und erzähle anderen Menschen von deiner Absicht. Es wird sich dann bald von ganz alleine ergeben.*«

Ein paar Tage später stand ein Vortrag vor einer kirchlichen Gemeinschaft auf meinem Programm. Während des Vortrags sprach ich über die Merkmale wahrer göttlicher Führung. Ich erwähnte die Botschaften über Delphine als ein Beispiel dafür, wie sich göttliche Führung häufig wiederholt.

Ich sagte dem Publikum: »Ich weiß aufgrund dieser wiederholten Führung, dass ich zu einer Begegnung mit Delphinen aufgerufen bin. Ich habe die Vorstellung losgelassen, wie dies geschehen wird, und folge einfach den einzelnen Schritten, die mir gezeigt werden.«

Nach meinem Vortrag kam ein Mann aus dem Publikum namens Glenn Jaffrey zu mir nach vorne. Ich hatte Glenn bereits vor einigen Monaten kennen gelernt, als ich gemeinsam mit Jimmy Twyman am Osterwochenende ein Seminar gehalten hatte. Jimmy Twyman, Gregg Barden und ich hatten mehrere globale Gebete geleitet, bei denen Menschen überall auf der Welt zur gleichen Zeit fünf Minuten lang Frieden visualisierten. Glenn hatte sich mir damals als langjähriger Schüler der Metaphysik vorgestellt und als Reiseveranstalter, dessen Spezialität Reisen nach Hawaii waren.

»War es Ihr Ernst, als Sie sagten, dass Sie mit Delphinen schwimmen wollen?«, fragte er mich.

»O ja«, erwiderte ich. »Ich weiß genau, dass die Delphine mich rufen, zu ihnen zu kommen. Ich weiß, dass ich irgendwann mit ihnen schwimmen werde, selbst wenn ich mir nicht sicher bin, auf welche Weise das geschehen wird.«

»Ich werde Sie morgen anrufen«, sagte Glenn. Ich bemerkte einen koboldhaften Ausdruck in seinen Augen und fragte mich, ob er vielleicht ein inkarnierter Kobold war.

KAPITEL 14

»Glaub an uns!«

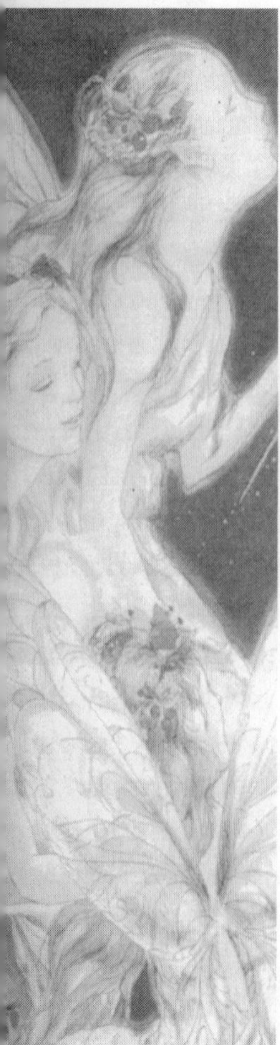

Am nächsten Morgen zog ich meine Joggingschuhe an und rannte meine übliche Strecke durch den Heisler Park in Richtung Strand. Ich genoss das Laufen im Sand und die frische, salzige Meerluft. Ich lief zu den Quarzfelsen in der Nähe des Sleepy Hollow Drive und setzte mich hin, um zu meditieren.

Sofort erschienen die Feen. *»Wir sind froh, dass du die Delphine besuchen wirst«*, erklärten sie mir. *»Sie haben ein paar sehr wichtige Informationen für dich und werden dir zusätzliche Energie für deine Lichtarbeit geben.«*

Ich war mir nicht ganz sicher, was die Feen damit meinten, doch ich vertraute darauf, dass ich es bald genug erfahren würde. Zu diesem Zeitpunkt hatte ich sozusagen meine Hände komplett vom Steuer genommen und Gott und den himmlischen Mächten die Kontrolle überlassen, im Vertrauen darauf, dass sie – wie Fluglotsen – einen Überblick über meine Lebensaufgabe hatten.

Ich bin froh, dass ich mit euch und dem Reich der Elementarwesen zusammenarbeiten kann, sagte ich zu den Feen. Ich fühlte Dankbarkeit in mir für ihre Beiträge zur Erhaltung der Umwelt. In meinem eigenen Leben hatten sich auf fast magische Weise viele neue Türen geöffnet, seit ich begonnen hatte, mit den Feen zu arbeiten. Ich konnte ihre Spuren auf vielen der glücklichen Synchronizitäten in meinem Leben erkennen.

Die Wahrheit über Feen

»Viele Menschen glauben irrtümlich, dass wir nur Unsinn im Kopf haben«, meinten die Feen, *»doch du hast uns als gute Freunde erlebt, nicht wahr?«*

Ja, und ich vertraue euch, antwortete ich.

»Man nimmt uns oft falsch wahr, weil wir mit den Engeln verglichen werden. Dieser Vergleich ist jedoch unfair, da unsere Arbeit in den dichtesten Bereichen der Erde stattfindet. Die Engel haben kein Ego. Alle Wesen sind perfekte Verkörperungen des göttlichen Lichtes der Wahrheit und die Engel sehen diese Wahrheit. Sie konzentrieren sich nicht auf die oberflächliche Persönlichkeit oder auf die Illusion von Problemen. Das ist ihre Art des spirituellen Heilens – indem sie sich auf die innere Vollkommenheit konzentrieren und sie an die Oberfläche holen.

Doch wir Feen und andere Elementarwesen leben im Dickicht der Illusionen. Wir sehen, wie Menschen gedankenlos Abfall in die Natur werfen und sie mit Pestiziden und toxischen Substanzen vergiften. Es fällt uns schwer, uns mit Menschen anzufreunden, es sei denn, wir sehen Verständnis von ihrer Seite und den ehrlichen Wunsch, uns zu helfen. Wenn wir jedoch einen Menschen finden, einen Lichtarbeiter oder ein inkarniertes Elementarwesen, der den ehrlichen Wunsch hat, der Umwelt zu helfen, sind wir voller Freude.

Wir brauchen die Menschen in mehr als einer Hinsicht. Nicht nur brauchen wir ihre Hilfe bei der Säuberung und Entgiftung der Umwelt; wir brauchen ihre Hilfe auch, indem sie an uns glauben. Bitte hilf uns, Doreen, die Menschen wissen zu lassen, dass wir Feen und Elementarwesen real sind.

Bitte sag den Menschen, dass sie an uns glauben sollen! Glaubt an uns! Der Glaube der Menschen an uns gibt uns Macht und Energie, was uns in die Lage versetzt, produktiver zu sein. Je mehr Menschen an uns glauben, desto mehr Macht haben wir. Wir glauben, dass wir alle Freunde sein und vereint auf unsere gemeinsamen Ziele hinarbeiten können.«

Ich bin von Herzen bereit, alles zu tun, was in meinen Kräften steht, um die Menschen über eure Realität und eure Aufgaben zu unterrichten, erwiderte ich. *Und ich möchte euch von Herzen danken für alles, was ihr mich gelehrt habt, und für das neue Gefühl von Verspieltheit und Glück, das ihr in mein Leben gebracht habt. Ich bin wirklich glücklich und dankbar für alles, was mir widerfahren ist. Sobald ich meinen Seelengefährten gefunden habe, wird mein Leben genau so sein, wie ich es mir immer erträumt habe.*

»Wir werden dir in dieser Angelegenheit helfen, Doreen. Bald wirst du deinen Seelenpartner finden. Wir versprechen es dir.«

Ja, ich kann spüren, dass es so ist. Ich weiß, dass er bald in mein Leben treten wird, stimmte ich zu.

Als ich nach Hause zurückkam, fand ich eine Nachricht von Glenn Jaffrey auf meinem Anrufbeantworter vor.

»Du bist wirklich dazu ausersehen, mit den Delphinen zu schwimmen«, verkündete er geheimnisvoll. »Bitte melde dich bei mir.«

Als ich ihn anrief, erklärte Glenn mir, dass die Direktion des Hilton Waikoloa Hotels auf Hawaii daran interessiert war, dass ich in ihrem Haus ein Seminar abhielt. Sie luden mich ein, ihr Gast zu sein und an ihrem Programm »Begegnung mit Delphinen« teilzunehmen – ohne dafür bezahlen zu müssen. Ich war in Ekstase! Es war, als hätten die Delphine und Elementarwesen diese Reise für mich organisiert und als Krönung des Ganzen auch noch dafür bezahlt. Wir einigten uns auf einen Termin Ende Oktober.

An diesem Abend beschloss ich, mal wieder zu der Yogastunde mit Annabel zu gehen. Das war einer meiner liebsten Yogakurse, zum einen, weil ich Annabels liebevolle Anleitungen genoss, und zum anderen, weil wir bei ihr die Yogastellungen immer besonders lange halten mussten. Wir wickelten Gurte um unsere Füße, um unsere Asanas zu unterstützen, und dehnten unsere Muskeln sanft, aber gründlich. Alle Yogastellungen in diesem Kurs fühlten sich wunderbar an und nach der Stunde fühlte ich mich immer ganz besonders erfrischt. Da der Kurs nur an den Freitagabenden stattfand, an denen ich in der Regel irgendwo ein Seminar gab, hatte ich leider nur selten die Möglichkeit, daran teilzunehmen.

Ich ging an die Rezeption, um mich für die Stunde anzumelden, und wurde von mehreren Bekannten begrüßt, die auch gekommen waren. Während ich mich mit Sue unterhielt, einer befreundeten Psychotherapeutin, hörte ich eine männliche Stimme hinter ihr sagen: »Hallo, Doreen!« Ich schaute hoch und sah den Mann an, der mich gegrüßt hatte. »Ich bin es, Steven Farmer. Erinnern Sie sich noch an mich?«

Natürlich erinnerte ich mich. Ein Jahr lang hatte ich immer wieder an ihn gedacht, doch jedes Mal, wenn ich Johnna nach ihm gefragt hatte, fühlte ich mich zurückgewiesen. Mein Eindruck war, dass Johnna ihn für mich um ein Treffen gebeten hatte und abgewiesen worden war. Also lächelte ich ihn nur kurz an und setzte dann mein Gespräch mit Sue fort. Während der Klasse würdigte ich ihn keines Blickes mehr, da ich ihn bereits vor Monaten wegen »chronischen Desinteresses« abgeschrieben hatte.

Die Yogastunde war wunderbar, und als ich nach Hause fuhr, fühlte ich mich regelrecht euphorisch. Zwei Tage später ging ich kurz im Yogacenter vorbei, um ein paar meiner Engelkartendecks abzugeben, die Johnna in ihrem Laden verkaufte. Nicole Farmer stand hinter der Theke. Sie lächelte mich freundlich an und umarmte mich. Ich hatte Nicole im Laufe des vergangenen Jahres näher kennen gelernt und mochte sie sehr.

Sie und ich schienen viele Dinge mit ähnlichen Augen zu sehen, einschließlich der Beziehungen zum anderen

Geschlecht. Als ich gerade gehen wollte, bemerkte Nicole: »Mein Vater hat nach der Yogastunde letzte Woche eine Bemerkung über dich gemacht.«

Ich hielt inne, drehte mich um und schaute sie an. Nicole ist unglaublich hübsch, mit zarter Porzellanhaut, babyblauen Augen und blondem Haar. Sie sieht aus wie eine schöne, schimmernde, inkarnierte Fee. Ich glaube immer die durchsichtigen Libellenflügel erkennen zu können, die hinter ihren Schulterblättern vibrieren.

Nicole fuhr fort: »Mein Vater meinte, er hätte bisher gar nicht realisiert, wie attraktiv du bist.«

Ich schaute Nicole an und spürte, wie mich eine Welle von Glücksgefühl überrieselte. Ich schrieb meine Telefonnummer auf ein Stück Papier und reichte es ihr. »Dann richte deinem Vater doch bitte aus, dass er mich anrufen und zum Essen einladen soll«, sagte ich mit einem Lächeln.

»Das werde ich tun«, erwiderte sie.

Doch anschließend investierte ich nicht viel Energie in den Gedanken an Steven Farmer, was daran lag, dass ich ihn fast ein Jahr lang weder gesehen noch von ihm gehört hatte. Außerdem war ich damit beschäftigt, ein neues Deck von Orakelkarten zusammenzustellen. Die Feen gaben mir zurzeit gerade Anweisungen für den Begleittext im Handbuch, das den Karten beigelegt werden sollte.

Als ich dann ein paar Tage später eine Nachricht von Steven auf meinem Anrufbeantworter fand, war ich sehr überrascht – angenehm überrascht. Er bat mich, am Sonntag mit ihm gemeinsam zu frühstücken, zum

Brunch zu gehen oder einfach einen Kaffee zu trinken und einen Morgenspaziergang am Strand zu machen. Die Wahl lag bei mir. Ich wusste jedoch, dass ich wahrscheinlich zu aufgeregt sein würde, um zu essen, und außerdem trinke ich keinen Kaffee, daher rief ich ihn zurück und wir verabredeten uns auf ein Glas Wasser und einen Strandspaziergang.

Ich wachte am Sonntagmorgen auf und fühlte mich so ängstlich und erwartungsvoll wie ein Schulmädchen, das zu ihrem ersten Rendezvous geht. Meine Nervosität führte dazu, dass ich zehn Minuten zu spät zu unserer Verabredung erschien. Erstens musste ich mich entscheiden, was ich anziehen sollte. Schließlich griff ich nach einem Jeansrock und einem beigefarbenen Oberteil, mit einem Badeanzug darunter, falls wir beschließen sollten, im Meer schwimmen zu gehen. Zweitens hatte ich mit dem dichten Verkehr am Sonntagmorgen zu kämpfen. Und drittens war der einzige Parkplatz, den ich finden konnte, drei Straßen von unserem vereinbarten Treffpunkt entfernt.

Als ich das Café endlich erreichte, war ich mit meinen Nerven völlig am Ende. Ich atmete tief, um mich zu zentrieren, und schaute mich nach Steven um. Er war nirgends zu sehen, also ging ich nach draußen auf die Terrasse. Ich machte mir Sorgen. *Was, wenn ich mich nicht mehr daran erinnere, wie er aussieht?* Schließlich hatte ich ihn beinahe ein Jahr lang nicht gesehen.

Doch meine Ängste waren unbegründet. Als ich auf die Terrasse trat, rief eine Männerstimme: »Doreen!« Mein Blick folgte der Stimme und an einem Tisch in der

Nähe saß ein hinreißend gut aussehender Mann mit silbernen Haaren, der mir zuwinkte. Konnte das Steven sein? Er trug ein T-Shirt mit »Laguna Yoga«-Aufdruck und erhob sich, um mich zur Begrüßung zu umarmen. Ich fühlte mich gleichzeitig beruhigt und völlig durcheinander.

Steven fragte mich, ob ich etwas trinken oder essen wolle, bevor wir am Strand spazieren gehen würden. Ich lehnte dankend ab, da meine Kehle vor Erwartung und Aufregung wie zugeschnürt war und ich nicht wusste, ob ich überhaupt irgendetwas runterkriegen würde. Jedes astrologische Zeichen hat irgendwo im Körper eine Achillesferse und als Stier ist mein Schwachpunkt die Kehle. Dieser Bereich zeigt meine nicht ausgedrückten Gefühle, und wenn ich auch beinahe nie krank werde, so verliere ich doch hin und wieder die Stimme.

Wir überquerten die Straße zum Strand und begannen, die Brandung entlang nach Süden zu gehen. Steven fing an, mir von sich zu erzählen: Er hatte einen Universitätsabschluss in beratender Psychologie.

»Ich auch!«, erklärte ich. »Wo hast du studiert?«

»An der Chapman University.«

»Ich auch!«

Steven erzählte mir, dass er mehrere Bücher über Kindesmisshandlung geschrieben habe. Ich erklärte ihm, dass meine klinische Spezialität die Behandlung von Essstörungen gewesen war, vor allem bei Patientinnen, die in ihrer Kindheit misshandelt oder missbraucht worden waren. Meine Doktorarbeit hatte die Verbindung zwischen Kindesmisshandlung und Essstörungen zum Thema gehabt und war später als mein erstes Buch bei Hay House erschienen. Außerdem fanden wir heraus, dass wir beide schon für die gleichen Verleger gearbeitet hatten.

Er wollte wissen, welche Bücher ich momentan schrieb. Ich erzählte ihm, dass ich mit zwei Büchern beschäftigt war – eines über Feen (das Sie gerade in Händen halten) und das andere über Indigo-Kinder.

Würde es Steven abschrecken, wenn ich ihm sagte, dass ich an einem Buch über Feen schrieb? Ich beschloss, ihm die Wahrheit zu sagen. Schließlich suchte ich nach einem Mann, der meine spirituellen Interessen akzeptierte.

»Du glaubst an Feen?«, fragte er.

Oh oh, dachte ich, *er verurteilt mich.*

Doch dann fuhr er fort: »Ich habe am Freitag gerade an einem Seminar über keltische Devas und Feen teilgenommen. Ich finde es toll, dass du darüber schreibst.«

Wow!

Dann erzählte Steven mir von seinen schamanischen Studien. Seine Überzeugungen über das Leben nach dem Tod spiegelten meine eigenen und ergänzten sie auf so wunderbare Weise, dass ich das Gefühl hatte, auf Wolken zu schweben. »Was ist dein Sternzeichen?«, wollte er wissen.

»Ich bin Stier.«

»Oh, wie wunderbar!«, rief er aus und legte mir den Arm um die Schultern. »Man hat mir immer gesagt, dass ich nach einer Stier-Frau Ausschau halten soll.«

»Und welches Zeichen bist du?«

»Ich bin Steinbock.« Jetzt war ich geschockt. Wenn es nach den Astrologen und Astrologiebüchern ging, sollte ich als Stier-Frau mit einem Steinbock-Mann zusammen sein. Dieser Rat hatte mich stets frustriert, da ich nie eine starke Anziehung zu Steinböcken empfunden hatte. Doch bei Steven war das anders. Je mehr ich mich mit ihm unterhielt, desto mehr fühlte ich mich dahinschmelzen.

»Ich dachte, du seist Krebs«, bemerkte ich.

»O nein, ich bin ein Steinbock, mit Aszendent Stier«, stellte er fest.

»Erstaunlich«, erwiderte ich. »Ich bin Stier mit Aszendent Steinbock.« Wir liefen ein paar Schritte in wohltuendem Schweigen und fuhren dann fort, persönliche Informationen auszutauschen. Steven erzählte mir, dass seine beiden Töchter, Nicole und Catherine, seit mehreren Jahren bei ihm lebten. Seine Beziehung zu ihnen erinnerte mich an meine eigenen Erfahrungen mit meinen Söhnen Chuck und Grant. Ich war seit ungefähr einem Jahr mit seiner Tochter Nicole befreundet und auch meine Söhne hatten sie kennen gelernt und mochten sie. Steven und ich schienen so viel gemeinsam zu haben!

Doch nagte an mir immer noch die Frage, warum Steven ein Jahr gebraucht hatte, bis er mich um ein Rendezvous bat. Diese Frage klärte sich jedoch, als er mir von seinem Leben in den letzten zwölf Monaten erzählte. Seine beiden Brüder waren im Abstand von einem Monat gestorben, kurz nachdem wir uns zum ersten Mal bei Laguna Yoga begegnet waren. Dann, ein paar Monate später, hatte er einen Laden geschlossen, den er jahrelang geführt hatte. »Ich fühlte mich emotional einfach nicht bereit für eine neue Beziehung«, erklärte er.

Wir gingen den Strand zurück bis zum Eingang von Heisler Park und fanden einen gemütlichen Platz zum Sitzen. Die Sonne schien warm und strahlend und die Wellen sahen wunderbar einladend aus. »Was hältst du davon, schwimmen zu gehen?«, fragte ich Steven.

Wir sprangen in die Brandung und spielten wie zwei Kinder. Ich war scheu und wagte es nicht, Steven zu berühren, und auch er hielt Abstand. Doch in meinem Inneren öffnete sich ihm mein Herz auf eine neue und wundersame Weise.

Steven und ich gingen zu unserem Platz im Sand zurück, um uns von der warmen Nachmittagssonne trocknen zu lassen. Er öffnete seinen Rucksack und holte einige Seiten heraus. »Ich möchte dir ein paar Sachen vorlesen«, sagte er. Dann begann Steven, mir wunderschöne Gedichte vorzulesen! Seine Stimme war kräftig und ausdrucksstark und zuweilen hielt er inne, um mir in die Augen zu schauen, bevor er weiterlas.

Als wir uns später am Abend verabschiedeten, umarmten wir einander liebevoll. Am nächsten Tag fuhr ich nach Los Angeles zu einem Termin mit Fernsehproduzenten, die daran interessiert waren, eine Talkshow auf die Beine zu stellen, die ich moderieren sollte. Meine Söhne fuhren mit und es machte uns großen Spaß, mit den Produzenten Ideen zu besprechen. Wir fuhren mit einem positiven Gefühl nach Orange County zurück.

Ich betrat meine Wohnung und hörte meinen Anrufbeantworter ab. »Ich weiß nicht, ob du schon Gelegenheit hattest, deine Mails zu lesen«, sagte eine tiefe, männliche Stimme, »doch ich würde gern wissen, ob du heute Abend mit mir ins Kino gehen möchtest.« Es war Steven, der mich zu einem weiteren Treffen einlud. Welch wunderbares Ende für einen phantastischen Tag!

KAPITEL 15

Eine romantische Wiedervereinigung

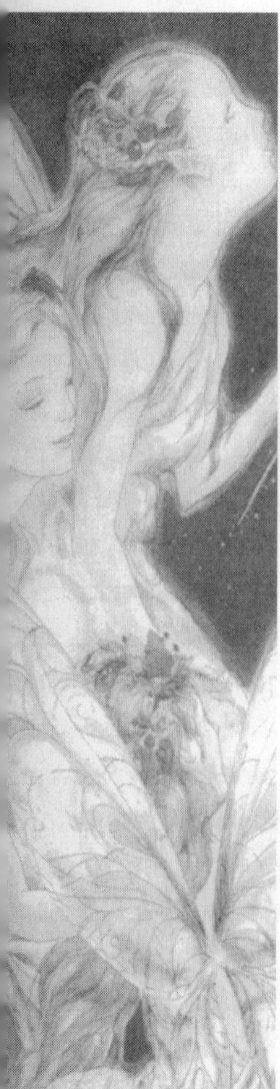

Es war ein warmer und lieblicher Abend und wir fuhren im offenen Wagen zum Kino. Wir wollten uns einen Film ansehen, den ich ausgewählt hatte.

Ich merkte, dass ich noch nicht viel über Stevens Kindheit und Jugend wusste, auch wenn er mir schon viel von seiner derzeitigen Arbeit als spiritueller Psychotherapeut und Autor erzählt hatte.

»Also, wo bist du geboren und aufgewachsen?«, wollte ich daher wissen.

»Ich bin geboren in Cedar Rapids in Iowa, und zwar 1948.«

Demnach war Steven zehn Jahre älter als ich. *Perfekt,* dachte ich. Ich fühlte mich in der Regel zu Männern dieser Altersgruppe hingezogen.

»Dann, 1960, zog unsere Familie nach North Hollywood.«

»Du nimmst mich auf den Arm!«, sagte ich. »1960 zog *meine* Familie nach North Hollywood.«

»Erstaunlich«, meinte er. »Und in welcher Gegend habt ihr gewohnt?«

Ich antwortete: »In der Nähe von Victory und Vineland.«

»Hmm. Das ist ungefähr da, wo ich auch gewohnt habe.«

Ich fuhr fort: »Wir wohnten in einer kleinen Sackgasse, der Craner Avenue.«

Steven schaute mich an und rief verblüfft aus: »Moment mal! Unsere Familie wohnte auch in der Craner Avenue!«

Mein Kopf drehte sich und mein Herz machte einen Salto, als mir klar wurde, wer er war. »Du bist es! Du bist es!«, brüllte ich regelrecht.

»Was?«

»Du bist der Junge, der am Ende des Blocks in dem Apartmenthaus gewohnt hat. Du bist Steven, mein erster Schwarm! Wie oft habe ich dich angestarrt, doch du schienst mich nie zu bemerken – ich nehme an, weil ich so viel jünger war als du.«

Da ich Steven mehr als dreißig Jahre lang nicht gesehen hatte, war mir bis zu diesem Moment nicht klar gewesen, dass es sich bei ihm um den Nachbarsjungen aus meinen Kindertagen handelte.

Glücklicherweise waren wir gerade in den Parkplatz des Kinos eingebogen, denn ich bezweifle, dass Steven den Wagen jetzt noch sicher hätte lenken können. Wir waren beide in einem Zustand des Schocks.

»Bist du sicher?«, fragte er.

Ich beschrieb ihm Einzelheiten der Craner Avenue, die sie von anderen Straßen unterschied. Wir verglichen unsere Erinnerungen an die Nachbarn, zu denen eine

Schauspielagentur gehörte und ein Mann, der Rennautos sammelte. Es bestand kein Zweifel, dass wir über die gleiche Straße und den gleichen Zeitraum sprachen.

Ich war mit meinem allerersten Schwarm wieder vereint! Wie romantisch, dass ich mit demselben Mann Liebe auf den ersten Blick erlebt hatte – und das gleich zweimal! Den Film sahen wir kaum. Wir rührten nicht einmal unser Popcorn an, sondern hielten einander während der ganzen zwei Stunden eng umschlungen.

Nach dem Film fuhren wir zurück nach Laguna Beach und fragten uns, was das alles zu bedeuten hatte. Steven und ich hatten offensichtlich vieles gemeinsam und fühlten uns auf vielen Ebenen unwiderstehlich zueinander hingezogen. Und nun diese mystische Wendung, bei der wir entdeckten, dass er der Junge aus meiner Nachbarschaft gewesen war! Ich fühlte, dass die Engel und Feen bei dieser Wiedervereinigung eine wichtige Rolle gespielt hatten.

Beweise für die Hilfe des Himmels

Steven und ich sprachen darüber, wie die Engel gelacht haben müssen, kurz bevor wir feststellten, dass wir uns als Kinder gekannt hatten. Er meinte: »Ich kann mir genau vorstellen, wie jeder im Himmel gesagt hat: ›Achtung, Steven und Doreen sind gerade dabei, ihre gemeinsame Kindheitsgeschichte zu entdecken!‹, und wie sie alle unseren Schock genossen, als uns klar wurde, was sie da oben schon lange wussten.«

Als wir einander Gute Nacht sagten, hielt Steven mich eng umschlungen. Dann küssten wir uns, zunächst scheu und forschend, dann langsam vertrauter werdend. Unsere Lippen berührten sich mit vorsichtigen Fragen, bis sie sich gegenseitig voller Freude, gemeinsamer Erkenntnis und Leidenschaft antworteten.

Am nächsten Tag erhielt ich einen Anruf von einer Frau namens Jessica. »Ich habe Ihren Namen und Ihre Telefonnummer von Cherie Allen«, erklärte sie. »Ich gehöre zu einer Gruppe in Laguna Beach, die mit Feen und Meerjungfrauen arbeitet. Ich bin Bildhauerin und zu der Gruppe gehören auch Autorinnen wie Sie, Malerinnen und sonstige Leute, die auf irgendeine Weise mit Feen zu tun haben. Am nächsten Samstag treffen wir uns alle zum Brunch in meinem Haus. Wir würden uns freuen, wenn Sie auch kommen würden.«

Ich wusste sofort, dass ich zu diesem Treffen gehen würde. Für Samstagabend war ich wieder mit Steven verabredet und ich hatte ihm angeboten, für ihn zu kochen. Ich wusste, dass ich aufgeregt sein würde, da wir uns eine ganze Woche lang nicht gesehen hatten. Steven war in Santa Fe, wo er ein Seminar abhielt, und wir mussten uns auf Telefongespräche und E-Mails beschränken.

»Ja, ich komme sehr gerne«, bedankte ich mich bei Jessica. Dann fragte ich sie: »Kennen Sie Katherine Kiss, die ›Feenkönigin‹?«

»Nein, wer ist sie?«

»Katherine hat jeden Sommer und Winter einen Stand bei einem Festival hier in Laguna Beach. Sie macht unglaublich schöne Feenpuppen. Ich selbst habe zwei davon. Sie wird demnächst einen Laden in Laguna Beach eröffnen. Sie müssen sie unbedingt kennen lernen.«

»Wunderbar«, meinte Jessica. »Bitte laden Sie sie in meinem Namen ein. Ich kann es kaum erwarten, Sie beide kennen zu lernen.«

Ich suchte in meinen Unterlagen nach Katherines Telefonnummer, doch ich konnte sie nirgendwo finden. Bitte helft mir, ihre Nummer zu finden, flehte ich innerlich die Feen an, während ich meine Autoschlüsel nahm, um zum Bioladen zu fahren.

Auf dem Weg dahin sah ich neben einem Restaurant auf dem Pacific Coast Highway eine hoch gewachsene blonde Frau in einem langen Kleid stehen. Ich konnte es kaum glauben – es war Katherine Kiss! Ich war so aufgeregt über die prompte Antwort der Feen, dass ich an den Straßenrand fuhr und begeistert nach ihr rief: »Katherine! Katherine!«

Ich erzählte ihr, dass ich eben erst die Feen darum gebeten hatte, einen Kontakt zwischen uns herzustellen. Da Katherine und ich einander nie vorher in der Stadt über den Weg gelaufen waren, stimmten wir überein, dass die Feen definitiv unser Treffen arrangiert hatten. Ich sprach mit ihr über die Einladung zu der Feengruppe am Samstag und sie war einverstanden mitzukommen. Außerdem gab sie mir ihre Telefonnummer, da ich sie offensichtlich verloren hatte.

Ich verabschiedete mich von Katherine und dankte im Weiterfahren den Feen für ihre Hilfe. Als ich in die Mermaid Street einbog, sah ich noch jemanden, den ich kannte. *Du meine Güte!*, sagte ich zu den Feen. *Ihr ver-*

sucht wirklich, mich zu überzeugen. Dann fuhr ich zur Seite, um Cherie Allen zu begrüßen, die Frau, der ich die Einladung zu der Feengruppe zu verdanken hatte.

Als ich Cherie zum ersten Mal sah, ging sie die Second Avenue hinunter. Ich erblickte sie aus einiger Entfernung und sagte zu der Freundin, mit der ich damals unterwegs war: »Schau, da geht eine inkarnierte Meerjungfrau.«

Meine Freundin schaute mich überrascht an und fragte: »Woher weißt du das?«

»Woher weiß ich was?«

»Dass jeder Cherie ›die Meerjungfrau‹ nennt.«

»Das wusste ich nicht, doch mir fiel sofort auf, dass sie wie eine Meerjungfrau aussieht! Sie hat diesen Mae-West-Look, mit großen, meerblauen Augen, dichtem, wallendem Blondhaar, und sie trägt ein figurbetontes türkisfarbenes Kleid.«

»Cherie zeichnet Bilder von Meerjungfrauen.«

»Wirklich? Dann muss ich mit ihr reden«, erklärte ich.

Ungefähr zwei Wochen später lief mir Cherie im Bioladen über den Weg. Wir hatten ein kurzes, aber herzliches Gespräch, wobei sie mir die Sachen zeigte, die sie dort verkaufte, unter anderem Meerjungfrau-Grußkarten und Räucherstäbchenhalter aus Keramik in Form von Meerjungfrauen. Ich zeigte ihr meine Orakelkarten, die in der Gesundheitsabteilung angeboten wurden. Wir tauschten unsere Telefonnummern aus und verabredeten, uns bald einmal zum Lunch zu treffen.

Doch ich hatte mir bisher noch nicht wirklich die Zeit genommen, Cherie besser kennen zu lernen, abgesehen von einigen kurzen Momenten, wo wir uns im Laden getroffen hatten. Als ich an diesem Tag aus dem Auto stieg, um mit ihr zu reden, dachte ich an die besondere Synchronizität dieser Situation: Ich traf sie nur wenige Augenblicke nachdem Jessica mich wegen der Feengruppe angerufen hatte und nachdem ich zufällig Katherine Kiss begegnet war.

Cherie und ich umarmten einander und ich erzählte ihr von den Aktivitäten der Feen an diesem Morgen.

Am folgenden Samstagmorgen fuhr ich wieder im Bioladen vorbei, um für das Abendessen mit Steven einzukaufen. Ich nahm die Lebensmittel mit zu Jessica, da das Gruppentreffen ungefähr eine Stunde vor meiner Verabredung mit Steven beendet sein sollte. Ich machte mir Sorgen, ob ich genug Zeit haben würde, zu kochen, eine Dusche zu nehmen und mich umzuziehen, also übergab ich meine Ängste Gott, den Feen und den Engeln.

Jessica begrüßte mich an der Tür. In ihrem rosa Abendkleid wirkte sie wie eine Erdfee. Sie schwenkte einen glitzernden Zauberstab über meinem Kopf und reichte mir ein Champagnerglas mit einem leuchtend rosafarbenen Drink. »Alkoholfrei«, meinte sie lächelnd. »Die Feen werden uns heute auf natürliche Art ›high‹ machen.«

Ihr Haus war mit Feenskulpturen dekoriert, die sie selbst gemacht hatte. »Ich muss Ihnen unbedingt diese Skulptur einer Meerjungfrau zeigen, zu der mir Cherie Modell gesessen hat.« Jessica führte mich in eine Ecke neben ihrem Fenster mit Meeresblick. Mir verschlug es einen Augenblick lang den Atem, als ich die lebensechte

Wiedergabe von Cherie sah, komplett mit einem spiralförmigen Meerjungfrauenschwanz.

Katherine Kiss, Cherie Allen und weitere Feenliebhaberinnen, Malerinnen, Autorinnen und Puppenmacherinnen waren anwesend und das erste Treffen der »Laguna Beach Fairy and Mermaid Society« war offiziell eröffnet. Wir amüsierten uns köstlich, zeigten einander unsere Feenprodukte und erzählten von unseren Erfahrungen mit diesen himmlischen Wesen. Ich hatte die Farbandrucke meines neuen Kartendecks mit Feenkarten dabei. Die Gruppe war entzückt und zollte den Karten begeisterten Beifall.

Dualseelen

Als ich das Treffen verließ, hatte ich das Gefühl, einer neuen Schwesternschaft beigetreten zu sein, und meine Stimmung war fröhlich und aufgeräumt. Doch gleichzeitig war ich auch etwas nervös, als ich nach Hause fuhr, um mich auf meine dritte Begegnung mit Steven vorzubereiten. Er erschien auf die Minute genau zur vereinbarten Zeit – ein gutes Zeichen, dachte ich.

Wir umarmten uns liebevoll und dann sagte er: »Ich denke, wir wissen beide, wohin das Ganze hier führt, und ich möchte gleich von vornherein meine Karten offen auf den Tisch legen. Ich habe dir eine Liste meiner schlechten Eigenschaften mitgebracht, damit du weißt, auf was du dich einlässt.« Ich lachte vor Freude über Stevens Offenheit und Unkompliziertheit. Wie erfrischend er war!

Stevens Liste »schlechter« Eigenschaften war nicht sehr aufregend, sondern ziemlich normal, fast wie eine Ergänzung meiner eigenen negativen Charakterzüge. »Wir alle haben Schattenseiten«, meinte Steven. »Es ist nur wichtig, sich dessen bewusst zu sein und sich nicht von ihnen beherrschen zu lassen.« Ich stimmte ihm aus vollem Herzen zu.

Nachdem er mir seine Liste vorgelesen hatte, neckte ich ihn: »Das ist alles? Und was sind deine wirklich schlechten Seiten?« Er lachte glücklich und drückte mich fest an sich.

Dann erzählte ich ihm von meinen eigenen Schattenseiten. Steven lief nicht davon. Im Gegenteil, er rückte näher an mich heran, nachdem ich fertig war. Er schaute mich mit strahlenden Augen an und ich dachte: *Oh, wir sind dabei, uns zu verlieben!* Ich kämpfte weder gegen den Gedanken noch gegen das Gefühl an und fühlte mich so sicher in Stevens Gegenwart, als würde ich ihn seit Millionen Jahren kennen.

Wir verbrachten einen wunderbaren Abend miteinander. Am nächsten Tag ging ich zum Strand und setzte mich auf einen Felsen, um zu meditieren und mit den Feen zu sprechen. *Ich weiß, dass ihr meine Wiederbegegnung mit Steven organisiert habt,* sagte ich ihnen, *und ich möchte euch dafür danken.*

Die Feen ließen mich wissen, dass sie tatsächlich viele der Synchronizitäten arrangiert hatten, die mit unserer Begegnung zusammenhingen. Uns war jedoch auch von vielen anderen himmlischen Wesen Hilfe zuteil geworden, unter anderem von Stevens verstorbener Mutter und seinen Brüdern, von meiner Großmutter, vom Erzengel Michael und von unseren Schutzengeln. »Ich danke euch allen!«, sagte ich, mein Herz erfüllt von Dankbarkeit und Freude. Die Feen bestätigten, dass Steven und ich viele Inkarnationen gemeinsam verbracht hatten.

Innerhalb von zwei Wochen waren Steven und ich unzertrennlich. Wir erfuhren immer mehr über unsere Gemeinsamkeiten und die Botschaft war klar: Wir waren mehr als Seelenpartner. Wir waren »Dualseelen«, Menschen, die aus derselben Seele hervorgegangen sind, als diese sich an einem bestimmten Punkt in eine männliche und eine weibliche Person aufgespalten hat. Meist inkarnieren Dualseelen nicht gemeinsam. Im Allgemeinen inkarniert nur einer von beiden und der andere fungiert als sein Geistführer.

Aus den Lehren der aufgestiegenen Meister erfuhren wir, dass Dualseelen häufig gemeinsam inkarnieren, wenn sie ihre letzte Lebenszeit auf Erden verbringen. Es ist für beide Partner eine Gelegenheit, eine letzte irdische Verbindung einzugehen und mit einem abschließenden großen »Hurra!« zu feiern.

Steven und ich hatten beide unsere Leben damit verbracht, auf sinnvolle und wichtige Ziele hinzuarbeiten. Wir waren beide leidenschaftliche Lichtarbeiter und hatten uns dazu verpflichtet, bei der Einleitung eines neuen Zeitalters des Friedens mitzuhelfen. Wir waren beide Gebende und Helfer, sowohl persönlich als auch in unserem Beruf. In unseren vorangegangenen Beziehungen waren wir jeweils als »Gebende« mit einem »Nehmenden« gepaart gewesen. Diese Art von Beziehung kann für den Gebenden kräftezehrend sein und den Nehmenden dazu bringen, sich schuldig zu fühlen. »Zwei Gebende in einer Beziehung sind ideal«, sagte Steven zu mir, »und das ist es, was wir beide erleben.«

Wir entdeckten, dass es in unser beider Leben viele Gelegenheiten gegeben hatte, zu denen wir uns hätten begegnen können. Schon in unserer Kindheit hätten wir Freunde werden und eine lebenslange Beziehung eingehen können. Dann, im Jahre 1988, als wir beide bei dem gleichen Verlag publizierten, hätten wir uns begegnen können. Und auch als wir beide 1993 als Singles in Newport Beach wohnten, hätte eine Begegnung stattfinden können. Oder wir hätten uns als Studenten an der Chapman University über den Weg laufen können. Die Liste der Gelegenheiten, zu denen unsere Lebenswege sich mühelos hätten kreuzen können, schien fast endlos.

Offensichtlich werden Seelenpartner immer wieder zusammengeführt, bis sie sich schließlich finden. Zunächst trauerten Steven und ich über die lange Zeit, die wir voneinander getrennt gewesen waren. »Wir hätten so viel Schmerz in unseren Beziehungen vermeiden können, wenn wir uns nur früher in unserem Leben getroffen hätten!«, sagten wir einander.

Doch schließlich entschieden wir, dass der Zeitpunkt wohl einfach noch nicht reif gewesen war. Wir mussten beide erst noch wachsen und aus anderen Beziehungen lernen.

Meine Reise nach Hawaii war für den 20. Oktober geplant. Eines Nachts dachte ich: *Wie schön wäre es, wenn Steven mitkommen könnte!* Als ich ihn danach fragte, erwiderte er, dass er mich liebend gerne begleiten würde, doch nicht sicher war, ob er so kurzfristig wegkonnte. Sein Terminplan war genauso voll wie meiner. Nicht nur hatte er eine private Psychotherapiepraxis, darüber hinaus gab er auch noch Gruppentherapiesitzungen im Rahmen eines Entzugsprogramms und leitete Kurse am Saddleback Community College.

Steven brauchte zwei Tage, um seine Termine entsprechend umzustellen, und die ganze Zeit betete ich mit angehaltenem Atem. Innerlich konnte ich Steven gemeinsam mit mir in Hawaii sehen. Ich wusste aus früheren Erfahrungen, dass immer dann, wenn ich etwas klar sehen konnte, es auch eintraf. Steven musste einfach mitkommen, um mit mir und den Delphinen zu schwimmen. Die Gelegenheit war einfach zu großartig, um sie vorbeigehen zu lassen!

Zwischendurch traf ich mich mit meinem Manager, meinem Sohn Chuck und einer guten Freundin, Dorian Hannaway, in Hollywood zum Lunch. Dorian ist eine angesehene Fernsehproduzentin, die Steve Allen und mich unter ihre kundigen und liebevollen Fittiche genommen hatte. Bei den Verhandlungen, die wir in letzter Zeit mit wichtigen Hollywoodleuten führten, die eine Fernsehtalkshow mit mir planten, war sie unersetzlich gewesen.

Da ich bereits ein Radioprogramm in Nashville wie auch mehrere Kabel-TV-Sendungen moderiert hatte, wusste ich, dass ein solches Unternehmen einen großen Teil meiner Zeit und Energie erfordern würde. Ich hatte den ganzen Prozess Gott übergeben in dem Wissen, dass es geschehen würde, sollte er wollen, dass ich auf diese Weise dem Ganzen diene. Und wenn es nicht sein sollte, konnte ich die Idee auch wieder loslassen. Unsere Treffen mit den Produzenten hatten darauf hingedeutet, dass ich wahrscheinlich bald meine eigene Sendung haben würde. Dieser Tag, als wir in Hollywood beim Lunch saßen, war keine Ausnahme.

Während wir zu Mittag aßen, dankte ich allen am Tisch für ihre Unterstützung und Liebe. Ich hatte das große Glück, von solch wunderbaren Menschen umgeben zu sein, die an Engel glaubten und regelmäßig die himmlischen Mächte um Führung baten – so verschieden von den typischen Hollywoodleuten, die nur an der Befriedigung ihres Egos interessiert waren!

Und doch, jedes Mal, wenn ich etwas mit den Medien zu tun gehabt hatte, hatte ich festgestellt, dass es in dieser Industrie Hunderte von spirituell ausgerichteten Menschen gibt. Ich war Dutzende Male im Fernsehen aufgetreten und hatte über Engel gesprochen und war für unzählige Radioprogramme interviewt worden. In fast allen Fällen erzählten mir die Produzenten und Moderatoren von ihren eigenen mystischen Erlebnissen. Hollywood wie auch New York war voll von Menschen, die an Wunder glauben, und viele Angehörige der Unterhaltungsindustrie hatten das Gefühl, dass es Teil ihrer göttlichen Mission war, diese Geschichten ihren Zuschauern und Zuhörern zugänglich zu machen.

Genau in diesem Moment klingelte mein Handy. *Typisch Hollywood*, dachte ich. Es war mein Freund Jimmy Twyman, mein Friedensgebetpartner.

»Ich fliege nach Jerusalem, um ein Friedenskonzert zu geben«, erzählte er mir. Jimmy, der als »Friedenstroubadour« bekannt ist, hat Gebete der zwölf größten Religionen vertont. Er spielt Gitarre und singt die Gebete in vielen Ländern der Welt, vor allem an Orten, an denen Konflikte oder Krieg herrschen. Jimmy hat bereits in Kroatien, Bosnien, Irland und an anderen Orten gespielt.

»Wir sollten eine weltumspannende Gebets-Nachtwache für den Mittleren Osten abhalten, wenn ich dort bin«, fuhr er fort.

Ich fragte, wann er nach Jerusalem fliegen würde.

»Am 19. Oktober«, erwiderte er.

»Erstaunlich«, meinte ich. »Ich werde am 21. Oktober auf Hawaii mit den Delphinen schwimmen. Die Delphine haben mich zu sich gerufen und vielleicht ist das der Grund. Ich weiß, dass ihre Energie die Kraft deiner Gebete ankern und verstärken wird. Können wir das Friedensgebet an diesem Tag abhalten?«

»Der 21. wäre auch für mich perfekt!«, stimmte Jimmy zu. »Ich werde Gregg anrufen und wir werden alles Nötige veranlassen.«

Ich schaltete das Handy aus und berichtete Steve Allen, Dorian und Chuck die gute Neuigkeit. Sie alle stimmten darin überein, dass das Zusammentreffen der

Delphinbegegnung mit der Gebetswache göttlich geführt sein musste.

Am nächsten Morgen erhielt ich eine weitere gute Nachricht: Steven hatte seinen Terminplan erfolgreich umstellen können, was ihm gestattete, mit mir nach Hawaii zu fliegen. Ich jauchzte vor Freude, als ich die Nachricht hörte! Ich wusste einfach, dass unsere Reise außergewöhnlich wichtig und wunderbar sein würde.

KAPITEL 16

Der Ruf der Delphine

»Ich habe noch nie einen Flug so sehr genossen«, sagte ich zu Steven, als unser Flugzeug landete. Wir hatten während des Fluges viel gelacht, uns häufig umarmt und außerdem auf unseren jeweiligen Computern geschrieben.

Hawaii war von üppig grünen Palmen bedeckt und die Temperatur mit 25 Grad Celsius einfach perfekt. Unser Zuhause für die nächste Woche war das Hilton Waikoloa Hotel in Kona.

Als wir Arm in Arm über das Gelände schlenderten, um uns die Umgebung anzusehen, blieb Steven stehen, um eine duftende Frangipaniblüte zu pflücken. Er schaute mir in die Augen und befestigte die Blüte hinter meinem linken Ohr. »Das zeigt an, dass du bereits vergeben bist«, erklärte er mit einem liebevollen Lächeln. Ich fühlte mich von Steven so sehr geliebt – und auf eine so wohltuende Art.

Wir gingen zurück auf unser Zimmer und Steven holte seine Gitarre heraus.

»Ich möchte dir etwas vorsingen«, sagte er und sang ein wunderschönes, poetisches Liebeslied. Hätte er mich nicht schon längst mit seinem Charme gewonnen, wäre mein Herz ihm bei diesem Lied bestimmt erlegen.

Steven beendete das Lied und zog mich für einen langen, liebevollen Kuss an sich. Während er mich in den Armen hielt, sah ich vor mir das Bild eines verschmitzten, koboldhaften Wesens mit Hufen und einer Flöte. Es war Pan, der berühmte Flöte spielende Halbgott, halb Ziege und halb Mann! Ich hatte nicht mehr an Pan gedacht, seit ich in der Volksschule über ihn gelesen hatte, doch sein Bild war vollkommen klar. Pan schaute mich wortlos an, dann war er verschwunden und ich wurde mir erneut Stevens Umarmung bewusst.

Es war geplant, dass Steven und ich auf dieser Reise drei verschiedene Begegnungen mit Delphinen haben würden. Normalerweise mussten Hotelgäste ihre Namen in eine Art Lotterie geben in der Hoffnung, dass sie unter den dreißig Personen waren, die jeden Tag ausgewählt wurden, um mit den Delphinen zu schwimmen. Da Steven und ich bereits vorab eine Einladung des Hotels erhalten hatten, waren wir dankbar und freuten uns sehr auf dieses Erlebnis. Unsere zweite und dritte Delphinbegegnung würde in freier Natur stattfinden.

Noch bevor wir uns auf den Weg nach Hawaii machten, betete ich um Führung, was das Schwimmen mit diesen herrlichen Geschöpfen betraf. Im Internet fand ich eine Frau namens Nancy Sweatt, die Begegnungen mit frei lebenden Delphinen organisierte. Nancy beschäftigte sich mit Metaphysik und war seit langem eine Anhängerin der Arbeit von Louise Hay. Als ich mit Nancy telefonierte, hatte ich das Gefühl, dass ich genau die richtige Person gefunden hatte.

Von ihr erfuhr ich von der Kontroverse bezüglich der Begegnung mit Delphinen. Die eine Gruppe ist dagegen, dass Menschen mit Delphinen in freier Natur schwimmen, weil diese dadurch irritiert und gestört würden. Sie meinen, dass man sich bei solchen Begegnungen auf Delphine in Gefangenschaft beschränken sollte. Die zweite Gruppe ist der Ansicht, dass Delphine nicht von ihrem natürlichen Umfeld fern gehalten werden sollten. Beide Seiten schienen wichtige Argumente zu haben, also beschloss ich, mir selbst ein Bild zu machen.

Als berührte man einen Engel

Steven und ich gingen voller Erwartung zur Delphinlagune des Hilton Hotels. Wir hatten uns von dem Augenblick an, als Steven sagte, er würde mich nach Hawaii begleiten, auf diesen Tag gefreut. Die Mitarbeiter des Delphinprogramms waren liebevoll und freundlich. Als wir in die Lagune wateten, signalisierten sie einem Delphin, zu uns zu kommen. Ein großer, wunderschöner weiblicher Delphin mit Namen »Malaya« würde für die Dauer unserer Begegnung unsere Delphinfreundin sein.

Zunächst forderte uns der Trainer auf, unsere Hände auf Malayas Bauch zu legen und ihr Herz schlagen zu fühlen. Ich schaute dem Delphin in die Augen und sah, wie sie mich mit einem Ausdruck liebevoller Zufriedenheit anstrahlte. Ich hatte das Gefühl, einen Engel zu berühren. *Dieser Delphin leidet nicht*, dachte ich sofort.

Und sofort erhielt ich eine Antwort von Malaya: »*Wir werden gut behandelt, und obgleich wir unser Zuhause im Ozean vermissen, ist uns bewusst, dass wir hier die Mission haben, die Herzen der Menschen zu öffnen – nicht nur uns Delphinen gegenüber, sondern damit ihr Leben von Liebe durchdrungen werden kann. Hier, in dieser Umgebung, sind wir in der Lage, das Leben vieler Menschen tief zu beeinflussen. Bitte verschwende kein Mitleid an uns, denn wir sind wirklich glücklich. Wir haben die Fähigkeit, uns über jegliches materielle Leid zu erheben und das übergeordnete Bild zu erkennen.*«

Der Trainer arbeitete mit Steven, Malaya und mir. Wir hatten die Gelegenheit, fast zwei Stunden lang mit ihr zu spielen, sie zu küssen und zu umarmen. Am Ende der zwei Stunden hatte ich das Gefühl, als schwebte ich auf einem Kissen magischer Energie. Auch Steven war in einem Zustand absoluter Glückseligkeit. In dieser Nacht schliefen wir wie zwei Babys.

Gebet und Hingabe

Für den nächsten Morgen, den 21. Oktober, war das Friedensgebet für den Mittleren Osten geplant. Jimmy, Gregg und ich kommunizierten über eine Konferenzschaltung, die über die Website »worldpuja.org« öffentlich gemacht wurde. Der Webmaster konnte bestätigen, dass Menschen überall auf der Welt sich an unserem Friedensgebet beteiligten.

»Gebete sind so viel mächtiger als Waffen oder Bomben«, erklärte Jimmy über das Telefon aus Jerusalem. Gregg stimmte ihm zu und sprach darüber, wie wichtig es sei, dass wir während des Friedensgebets unsere Gefühle und Gedanken in Harmonie bringen. Er wies darauf hin, dass unsere Gefühle als Katalysator für alle Manifestationsprozesse wirken.

Unmittelbar nach dem Friedensgebet fuhren Steven und ich zu einem Tauchzentrum in Kona, wo wir Nancy Sweatt trafen. Sie hatte klare blaue Augen und sonnengebleichtes Haar und ihr weich gepolsterter Körper erinnerte mich an einen Delphin. Ihre Halskette, ihr Sarong und ihr Hut wiesen alle in irgendeiner Form Delphine auf. Es war offensichtlich, dass Delphine ihr Lebensinhalt waren.

Nancy begleitete uns zu einem kleinen Motorboot mit Namen »The Blue Dolphin« (Der blaue Delphin), das von einem jungen Hawaiianer namens Kawika gesteuert wurde. Wir fuhren in den Hafen hinaus und erblickten auf Anhieb eine Gruppe von Delphinen. Kawika hielt das Boot an und wir sprangen alle ins Wasser, doch die Delphine schwammen davon.

Dann sahen wir sie in einem anderen Teil des Hafens tanzen und springen. Nancy erklärte uns, dass die Delphine zurückkommen würden, wenn wir nur geduldig warteten. Doch ich fühlte mich nicht geduldig – ich wollte jetzt sofort mit ihnen schwimmen. Also fragte ich, ob wir mit dem Boot nicht dorthin fahren könnten, wo sie waren. Nancy war einverstanden, also lenkten wir das Boot in ihre Richtung. Sobald wir jedoch im Wasser waren, verschwanden die Delphine erneut.

Ich fing an, mich ein wenig frustriert zu fühlen, also begann ich beim Schwimmen zu beten und zu meditieren. Ich beschloss, die gesamte Situation an die himmlischen Mächte zu übergeben und nicht mehr zu versuchen, alles zu kontrollieren. Genau in diesem Moment rief Kawika aufgeregt: »Da sind die Delphine – da vorne!« Die Lektion für mich bestand darin, dass ich aufhören musste, hinter ihnen her zu jagen, und stattdessen die Situation so zu akzeptieren, wie sie war.

Als ich mich erst einmal entspannt und alle Erwartungen losgelassen hatte, schienen die Delphine sich sofort in unsere Nähe zu begeben. Sie schwammen unter uns. Nancy, Steven und ich schwammen Seite an Seite, unmittelbar über den Delphinen! Während ich schwamm, bemerkte ich vor mir einen schimmernden Zylinder voll tanzender weißer Lichtfunken, die von oben direkt ins Wasser zu leuchten schienen. Ich hatte das Gefühl, als schaute ich in den Lichttunnel, der von Menschen mit Nahtod-Erfahrungen beschrieben wird.

Kommunikation mit den Delphinen

Über den Delphinen dahinzuschwimmen war ein unglaubliches Erlebnis, so als würde man neben einer Herde wilder Antilopen herlaufen. Plötzlich schwamm einer der Delphine nach rechts. Ich folgte ihm und verlor Nancy und Steven aus den Augen. Ich schien extrem schnell zu schwimmen und mich dem Delphin zu nähern. Er legte den Kopf ein wenig schief, um mich anzuschauen, und mein Herz schmolz dahin. Ich begann vor Freude wie ein glückliches Baby zu glucksen. Ich spürte, dass der Delphin mich hörte, denn er blickte mich weiterhin an.

Ich war noch nie in meinem Leben so schnell geschwommen! Es dauerte jedoch nicht lange, bis ich müde wurde, und innerlich bat ich den Delphin, anzuhalten und auf mich zu warten. Im gleichen Moment hörte er auf zu schwimmen. Ich holte ihn ein und wir begannen Seite an Seite zu schwimmen, wobei ich ein Gefühl verspielter Kameradschaft mit ihm empfand. Er schwamm bald wieder voraus und noch einmal bat ich ihn, anzuhalten und zu warten, bis ich ihn eingeholt hatte. Im gleichen Augenblick hörte jede Bewegung seiner Schwanzflosse auf. *Okay, ich stelle mir das also nicht nur vor; er hört meine Gedanken wirklich,* stellte ich mit Erstaunen fest.

Einen Augenblick lang fragte ich mich, ob ich nach Steven und Nancy Ausschau halten sollte, doch erkannte ich schnell, dass es einen Grund dafür gab, dass sich diese Situation ergeben hatte. Ich begann wild zu lachen, so als befände ich mich auf einer Achterbahn in voller Fahrt. Doch dies war kein Rummelplatz. Dies war eine Begegnung mit einem unglaublichen Geschöpf, das tatsächlich in freier Natur einen Kontakt mit mir hergestellt hatte.

Als ich mit Nancy, Steven und Kawika später wieder im Boot saß, fühlte ich mich sehr euphorisch. Wir sahen eine andere Gruppe von Delphinen und stürzten uns noch einmal ins Wasser. Doch sobald wir im Wasser waren, konnten wir die Delphine nicht mehr sehen. Ich

»fühlte«, dass sie irgendwo links von uns schwammen, und plötzlich tauchten sie tatsächlich links von uns auf der Wasseroberfläche auf. *Gut*, dachte ich, *ich kann offensichtlich darauf vertrauen, dass meine Intuition mich tatsächlich mit diesen herrlichen Wesen verbindet.*

Wir schwammen auf die Gruppe zu, doch waren sie wieder verschwunden. Kawika, der im Boot geblieben war, zeigte weiter mit dem Finger auf die Stellen, wo er die Delphine erblickte, aber sobald wir dorthin schwammen, waren sie nirgends zu sehen. Schließlich trafen Nancy und ich auf eine große Delphinfamilie. Sie schwammen tief unter uns im trüben Wasser und wir konnten sie nur als Schatten wahrnehmen. Im nächsten Moment waren sie verschwunden.

Alleine vor mich hin schwimmend, empfing ich intuitiv eine Botschaft der Delphine: *»Konzentriere dich nicht darauf, mit unseren Körpern zu schwimmen; das bewirkt nur eine gedankliche Trennung. Sieh uns, erkenne uns und fühle uns als eins mit dir selbst. Integriere unsere Energie in deinem Herzen. Jeder Mensch kann auf diese Weise mit uns Verbindung aufnehmen, mit unserer Energie und unseren Botschaften.«*

Steven und ich kletterten ins Boot zurück. Wir kuschelten uns auf einer gepolsterten Bank unter einem großen Strandtuch zusammen, um uns vor dem Wind zu schützen, während das Boot an den Strand zurückführ. Ich erzählte ihm von meinen Erlebnissen mit den Delphinen und er erwiderte, dass auch er bei seinen Begegnungen mit diesen großartigen Geschöpfen einige aufschlussreiche Erkenntnisse gewonnen habe.

»Gestern, bei den Delphinen im Hilton Hotel, war ich fasziniert von den Narben auf dem Körper eines der Delphine. Und erinnerst du dich, dass dir diese Narben nicht einmal aufgefallen waren?«

Ich nickte.

»Und heute«, fuhr Steven fort, »zog ein bestimmter Delphin meine Aufmerksamkeit auf sich und bald stellte ich fest, dass wir alleine nebeneinanderher schwammen. Mir fiel auf, dass eine seiner Rückenflossen aussah, als wäre sie teilweise abgerissen worden. Ich empfand es als interessant, dass mir bei beiden Begegnungen mit Delphinen jeweils die Wunden der Tiere auffielen. Es erscheint mir bedeutungsvoll, da das Heilen von Wunden ja ein wichtiger Teil meiner Arbeit als Autor und als Psychotherapeut ist.

Dieser Delphin mit der verletzten Flosse kommunizierte mit mir, während wir nebeneinander schwammen. Er sagte zu mir: »*Ich bin vom Propeller eines Bootes verletzt worden. Doch auch wenn die Menschen manchmal brutal in unsere Domäne eindringen, wissen wir doch, dass wir euch Menschen unbedingt weiterhin in unserem Reich willkommen heißen müssen, damit wir euch lehren und führen können.*«

Ein paar Stunden später lag ich auf dem Sofa in unserem Hotelzimmer. Steven sang ein schwermütig schönes Lied, während er auf seiner Gitarre spielte. Ich fühlte Traurigkeit in meinem Herzen – nicht wegen des Liedes, sondern weil ich die Delphine vermisste. Ich erkannte, dass ich – ähnlich wie bei einer Nahtod-Erfahrung – so viel Schönheit und Liebe erfahren hatte, als ich mit ihnen schwamm, dass ich mir mehr davon wünschte.

Ich war sehr glücklich über die Aussicht, gleich am nächsten Morgen wieder mit den Delphinen zusammen zu sein. Ich erzählte Steven, dass mir nach Weinen zumute war, weil ich genau wusste, dass ich sie vermissen würde, wenn wir nach Hause zurückkehrten. Er erwiderte: »Mit den Delphinen im Ozean zu schwimmen ist so, als ob man mit den Engeln durch den Himmel schweben würde, und es gibt einen Teil in dir – in jedem von uns –, der sich daran erinnert, wie es zu Hause im Himmel war. Die Delphine erinnern dich an die Engel zu Hause, und gewichtslos im Wasser zu schweben erinnert dich daran, wie es war, keinen Körper zu haben und dich frei in den himmlischen Gefilden bewegen zu können.«

Ich küsste ihn voller Dankbarkeit für seine tröstenden Worte und sein weises Herz. In dieser Nacht besprachen wir offen einige der Ängste, die wir bezüglich unserer Beziehung hatten. Schließlich kamen Steven und ich einander emotional immer näher und dieser Prozess bringt normalerweise Ängste mit sich – die Angst, verletzt zu werden, und andere verdrängte oder negative Gefühle. Indem wir offen über diese Ängste sprachen, halfen Steven und ich einander, uns sicher genug zu fühlen, unsere Herzen noch weiter füreinander zu öffnen. Wir waren in der Lage, über einige unserer Ängste zu lachen und zu erkennen, wie unbegründet sie waren, sobald wir sie ausgesprochen hatten.

Als wir am nächsten Morgen aufwachten, konnten wir es kaum erwarten, Nancy und die Delphine wieder zu sehen und mit ihnen zu schwimmen. Diesmal brachte Nancy eine Freundin mit, eine spirituelle Lebensberaterin namens Carol. Carol sagte uns, dass sie Kurse in Kunsttherapie gab und häufig mit dem Reich der Feen zusammenarbeitete, privat wie auch beruflich.

Ich freute mich, Carol kennen zu lernen, die eine warme, entspannte Energie ausstrahlte. Wir tauschten unsere Erfahrungen mit Feen und Elementarwesen aus. Dann erzählte Carol: »Vor ein paar Tagen hatte ich in einem meiner Kurse ein besonderes Erlebnis mit Pan.«

»Pan?«, fragte ich nach. »Bitte erzähl mir doch mehr darüber.« Wie interessant, wenn man bedachte, dass ich dreißig Jahre lang nicht an Pan gedacht und ihn nun vor kurzem deutlich gesehen hatte, als ich Steven küsste. Und nun erwähnte Carol ihn aus heiterem Himmel.

»Ich gab gerade einen Malkurs und erblickte plötzlich Pan, wie er ausgerechnet in meine Farbtöpfe sprang. Er hat ein ganz schönes Durcheinander angerichtet. Doch ich weiß, dass es keine böse Absicht war. Er versuchte nur, unsere Aufmerksamkeit zu wecken.«

»Hast du herausgefunden, worin seine Botschaft bestand?«

»Ich hatte das Gefühl, dass er uns dringend aufforderte, zu spielen, loszulassen und Spaß zu haben, vor allem bei kreativen Beschäftigungen«, antwortete Carol.

Ich wusste, dass Carols Botschaft ein Zeichen dafür war, dass ich mit Pan reden sollte. Ich nahm mir innerlich vor, so bald wie möglich Kontakt mit ihm aufzunehmen.

Als wir am nächsten Tag wieder mit dem Boot aufs Meer hinausfuhren, sahen wir mehrere Gruppen von Delphinen. Sie schienen es zu genießen, neben unserem Boot her zu schwimmen. Etliche Delphine sprangen kraftvoll in die Luft, wobei sie ihre aerodynamischen Körper anmutig drehten und Saltos schlugen, bevor sie wieder in das blaue Wasser eintauchten.

Steven sah ihnen aufmerksam zu. »Ich glaube, sie spielen aus reiner Freude am Spiel«, meinte er.

Dann fragte er Nancy, ob sie diese Beobachtung bestätigen konnte. »Springen sie aus einem bestimmten Grund auf diese Weise aus dem Wasser oder einfach, weil es ihnen Spaß macht?«

Nancy lächelte und erwiderte: »Delphine sind von Natur aus verspielt. Sie springen und drehen sich aus reiner Freude daran, obwohl es wahrscheinlich ihre Fortbewegung verlangsamt. Die Delphine haben mich zweifellos gelehrt, wie wichtig es ist zu spielen.«

Steven und ich schauten uns an und zwinkerten uns zu. Seit wir zusammen waren, hatten wir eine Menge Zeit zum Spielen in unsere täglichen Terminpläne eingebaut. Er kitzelte mich leicht und ich kicherte. Dann umarmten wir uns.

Wir schauten den Delphinen bei ihrem Spiel zu, fasziniert von der Weisheit dieser wunderbaren Geschöpfe. Sie sind echte Lichtarbeiter, die ihre Gaben der Welt schenken, indem sie uns Menschen helfen, unser inneres Kind und unsere telepathische Natur wieder zu entdecken. Und – das Wichtigste – unsere Herzen zu öffnen. Sie kennen weder Heuchelei und Verstellung noch Sorgen um Kleidung, Behausung oder Nahrung. Alles, was sie brauchen, wird ihnen gegeben, so wie es in dem Bibelzitat heißt: »Trachtet zuerst nach dem Reich Gottes und seiner Gerechtigkeit, so wird euch das alles zufallen.«

»Hättet ihr vielleicht Lust, eine einsame Bucht zu besuchen, die als *Queen's Bath* (Bad der Königin) bezeichnet wird?«, schlug Nancy uns vor. »Das ist ein magischer Ort voller Feen.«

Steven und ich waren fasziniert und stimmten sofort zu.

Drew, der Bootsführer, lenkte das Boot zu einem weißen, sandigen Strand, der rundum von Lavagestein umgeben war, und das über viele Kilometer. »Dieser Strand liegt völlig abgeschieden. Man kann weder hingehen noch hinfahren«, erklärte er. »Die einzige Möglichkeit, *Queen's Bath* zu erreichen, ist per Boot.«

Der Strand erinnerte mich an Bilder von tropischen Inseln, wie man sie in Reisekatalogen sieht. Das Wasser war glasklar und wirkte wie türkisfarbenes Zellophan. Grüne Palmen neigten sich über feinem weißem Sand und dahinter spannte sich ein endlos blauer Himmel – eine Atmosphäre von Urlaub und Entspannung pur.

Drew ankerte ein paar Meter vor der Küste und wir sprangen alle ins Meer, um an Land zu schwimmen. Meine Flossen und Schnorchel halfen mir, mich mühelos unter Wasser fortzubewegen, und ich fühlte mich wie eine Meerjungfrau, die voll und ganz in ihrem Element ist.

Ich schaute zu Steven hinüber, der mir ein Zeichen gab, zu ihm zu kommen. Er deutete unter die Wasseroberfläche und lächelte mir zu, als ich die riesige Meeresschildkröte erblickte, die auf dem seichten Boden entlangglitt. Steven und ich tauchten, um diese große Schildkröte zu begleiten, wobei jeder von uns sie einmal kurz streichelte, um eine Verbindung mit ihr herzustellen.

Wir schwammen unter der Wasseroberfläche neben der Schildkröte her und es war ein wahrhaft magisches Erlebnis. Steven nahm meine Hand und es war, als flögen wir zusammen durch den Himmel. Dann verabschiedeten wir uns von unserer Freundin, der Schildkröte, und schwammen zurück zum Strand. Nancy, Carol und der Bootsführer ließen uns wissen, dass sie Steven und mir ein wenig Privatsphäre geben wollten, wogegen wir nichts einzuwenden hatten.

Steven und ich gingen zusammen zu dem Teil des Strandes, wo sich das »Bad der Königin« befand. Hinter einer Sanddüne lag ein großer Frischwasserteich, an dessen Ufern Schilfrohr wuchs. Nancy hatte uns vorher gesagt: »Der Teich sieht aus wie eine Gebärmutter mit Gebärmutterhals«, und sie hatte Recht! Die Form des Teiches mit dem Schilfrohr drum herum glich tatsächlich einer anatomisch korrekten Darstellung der weiblichen Geschlechtsorgane.

Wir waren beide fasziniert, als wir in den seichten Teich hineinwateten. Zunächst empfanden wir das eiskalte Wasser an unseren Füßen als unangenehm, doch bald gewöhnten wir uns daran und gingen leichten Schrittes auf die »Gebärmutter« zu.

»Komm, wir wollen eine Taufzeremonie für uns durchführen«, schlug ich vor. Steven war sofort einverstanden und abwechselnd besprengten wir uns gegenseitig mit klarem Wasser.

»Hiermit lassen wir alle Gifte aus unserer Vergangenheit los«, erklärte ich. Steven lächelte und atmete tief ein, bevor er mit Genuss ausatmete.

»Und dies ist ein Symbol für die Reinheit unserer Liebe«, sagte Steven, indem er Wasser über meinen Kopf und meine Schultern spritzte. Die Tropfen kühlten meine von der Sonne erhitzten Schultern. Wir umarmten einander zu einem Kuss, wie er normalerweise für Hochzeitszeremonien reserviert ist. Welche Freude wir uns gegenseitig durch unsere Gemeinschaft und unsere Umarmungen schenkten! Ich dankte den Feen mit lauter Stimme dafür, dass sie geholfen hatten, Steven und mich wieder zu vereinen.

Mit den Schatten spielen

Genau in diesem Moment hörten wir lautes Kichern. Waren es die Feen? Wir schauten auf und sahen zwei Kinder, die mit den Fingern auf uns zeigten. Ihr Vater schien mit ihnen zu schimpfen und sie aufzufordern, uns in Ruhe zu lassen. Einen Moment lang waren wir verlegen, dass wir in einem zärtlichen Augenblick überrascht worden waren, und fühlten uns dazu veranlasst zu gehen.

Doch da erinnerte ich mich an meine kürzliche Diskussion mit Carol. Ich hatte Steven erzählt, dass ich während unseres Kusses am Abend zuvor Pan gesehen hatte, und auch Carols Bemerkungen über ihn erwähnt. »Lass uns versuchen, mit ihm in Kontakt zu treten und zu sehen, ob er eine Botschaft für uns hat, bevor wir *Queen's Bath* verlassen«, schlug ich Steven vor.

Wir schlossen also beide die Augen und baten Pan geistig um eine Botschaft. Ich hörte deutlich eine männliche Stimme in meinem rechten Ohr sagen: »Spielt mit euren Schatten. Betrachtet sie mit einem Gefühl von Humor und Verspieltheit.«

Ich gab diese Information an Steven weiter und er meinte: »Das gleicht verblüffend dem, was ich gehört habe. Ich erhielt die Botschaft, dass wir keine Angst vor unserer Blöße haben sollten; dass wir ohne Schutzschild in die Welt hinausgehen sollen, ohne uns zu schämen oder verlegen zu sein für das, was wir wirklich sind, mit all unseren Schatten.«

Sowohl Steven als auch ich hatten den gleichen Rat von Pan bekommen. Von den Delphinen hatten wir die Bedeutung von Verspieltheit gelernt und nun bestätigte Pan, was wir in unserer Beziehung bereits erlebt hatten: wie gut und wichtig es ist, uns selbst und anderen gegenüber unsere Schwächen offen zuzugeben. Steven und ich hatten bereits die Erleichterung erfahren, die sich einstellt, wenn wir über unsere Eigenarten, Neurosen und dunklen Seiten lachen können. Anstatt unsere Egonatur zu verstecken oder sich ihrer zu schämen, hatten wir sie dem heilenden Licht der Liebe ausgesetzt – in einem Geist des Lachens.

KAPITEL 17

Liebeserklärungen

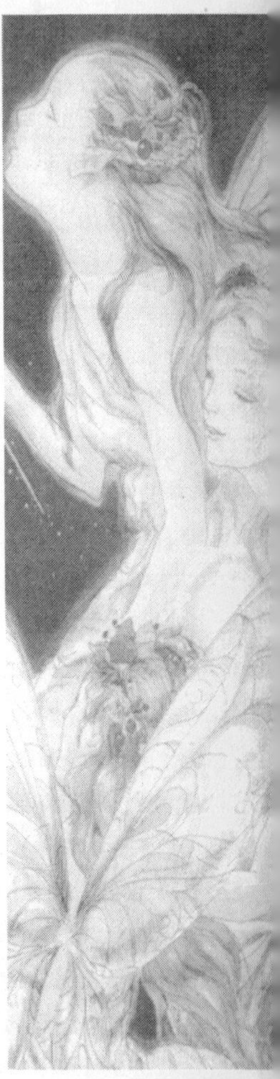

In den Monaten nach dieser gemeinsamen Reise kamen Steven und ich einander immer näher und verliebten uns immer mehr ineinander. Ich war entzückt von dieser Beziehung, in der ich offen über meine Gespräche mit den Engeln und Feen reden konnte. Steven und ich traten oft gemeinsam mit dem Erzengel Michael in Kontakt und nahmen an spirituellen Ritualen und Meditationen teil.

Wir sagten mehr als einmal zueinander: »Ich habe gar nicht gewusst, dass Liebe so wunderbar sein kann!« Steven begann mich zu meinen Seminaren zu begleiten und immer öfter mit mir gemeinsam zu leiten. Ich war auf meinen Reisen nun nicht mehr einsam und erneuerte mein Versprechen, weltweit Seminare zu geben.

Wir ließen unsere Verbindung in einer spirituellen Zeremonie segnen, die von einer schamanischen Lehrerin namens Jade Wah´oo geleitet wurde. Es war ein wunderbares Ritual, in dem Steven und ich unsere tiefe Liebe füreinander und unsere Bereitschaft zum Ausdruck brachten, unser Leben gemeinsam zu verbringen. Jade segnete uns mit Räucherwerk aus Zedernholz, Süßgras und Salbei.

Meine Beziehung zum Reich der Elementarwesen vertiefte sich währenddessen immer mehr. Je mehr ich mit den Feen arbeitete, desto mehr erkannte ich die magische Schönheit, die sie in unser Leben bringen.

Transportiert durch die Kraft der Liebe

An einem Freitagnachmittag Anfang Dezember fuhren Steven und ich in seinem Wagen zum John Wayne Airport. Wir hatten einen Flug nach San Francisco gebucht, da ich am gleichen Abend einen Vortrag in Palo Alto halten sollte. Wir wollten gerade an Bord unserer Maschine gehen, als den Passagieren mitgeteilt wurde, dass soeben bei der Landung eines Flugzeugs drei Reifen geplatzt waren, wodurch die einzige Start-und-Lande-Bahn nun blockiert war. Wie durch ein Wunder hatte das Flugzeug keine weiteren Schäden davongetragen.

Im Moment jedenfalls konnten keine Flugzeuge mehr starten oder landen. Doch ich musste unbedingt nach San Francisco, wo ich am selben Abend vor mehreren hundert Zuhörern sprechen sollte!

Steven und ich beteten und übergaben die Situation den himmlischen Mächten. Wir baten auch ein paar andere Menschen, die mit dem Seminar an diesem Abend zu tun hatten, um ihre Gebete. Die Kraft der Gebete war spürbar und ich glaube, dass sie für die Lösung sorgten und uns göttliche Führung vermittelten. Steven und ich hatten beide das deutliche Gefühl, dass wir nicht darauf warten sollten, bis die Startbahn wieder frei war, sondern versuchen sollten, von einem anderen Flughafen aus zu fliegen.

Wir versuchten herauszufinden, von welchem Flughafen in der Nähe eine Maschine nach San Francisco ging. Der einzige Flug, der mich rechtzeitig zu meinem Seminar bringen würde, startete neunzig Minuten später vom Internationalen Flughafen in Los Angeles. Konnten wir ihn im dichten Verkehr an einem Freitagnachmittag in weniger als einer Stunde erreichen? Normalerweise braucht man schon bei leichtem Verkehr ungefähr eine Stunde. Nur ein Wunder würde uns rechtzeitig nach Los Angeles bringen!

Und dann fiel uns ein, dass der Tank des Wagens fast leer war. Wir hatten geplant, auf dem Heimweg voll zu tanken, wenn wir aus San Francisco zurückkamen. Doch jetzt waren wir auch noch gezwungen, zum Tanken anzuhalten, obwohl wir sowieso schon kaum Zeit hatten.

Ich bat die Feen und den Erzengel Michael, uns zu helfen. Dann fiel mir ein, was mein Sohn Chuck mich über Zeitverschiebung gelehrt hatte. Schließlich hatte mich Chuck schon öfter zum Flughafen gefahren, wenn wir spät dran waren. Er pflegte zu sagen: »Schau nicht auf die Uhr. Denk nicht darüber nach, wo du gerade bist im Verhältnis zu dem Ort, an den du willst. Denk nur daran, zu welchem Zeitpunkt du an deinem Ziel sein musst. Lass alle anderen Gedanken los und vertraue fest darauf, dass du rechtzeitig dort sein wirst. Irgendwie wird das Universum sich verlangsamen und dafür sorgen, dass du pünktlich ankommst.«

Um nicht mehr an unsere Zeitprobleme zu denken, verwickelte ich Steven in ein Gespräch. Ich stellte ihm Fragen wie: »Was war dein liebstes Weihnachtsgeschenk als Kind?« Wir redeten ununterbrochen, bis wir auf dem Flughafen in Los Angeles ankamen. Ich fühlte mich total entspannt und war sicher, dass wir unseren Flug rechtzeitig erreichen würden – obwohl es in Anbetracht der Umstände unrealisierbar schien. Doch auf dem Weg nach Los Angeles war die Carpool-Lane (die Spur für Autos mit zwei und mehr Passagieren) vollkommen frei gewesen, ohne jeden Stau. Wir erreichten den Flughafen in Los Angeles in weniger als vierzig Minuten!

Rückkehr nach Hause

Am nächsten Tag flogen wir zurück nach Los Angeles, da wir den Wagen auf dem Parkplatz dort gelassen hatten. Während des Fluges wandte ich mich an Steven und fragte: »Weißt du, was wir eigentlich tun könnten, nachdem heute Samstag ist und wenig Verkehr? Wir könnten unserer alten Nachbarschaft in North Hollywood einen Besuch abstatten. Was hältst du davon?«

Steven grinste und war sofort einverstanden. »Es ist nur eine halbe Stunde vom Flughafen entfernt.«

Ich war seit meinem zehnten Lebensjahr nicht mehr in der Gegend gewesen, und Steven nicht mehr, seit er sechzehn war. Als wir in die Craner Avenue einbogen, hatte ich das Gefühl, in einen Zeittunnel geraten zu sein.

Nichts hatte sich verändert, alles sah noch genauso aus wie damals!

Als wir vor dem Haus meiner Kindheit parkten, fühlte ich mich wie benommen und stellte fest, dass sogar die Gartengestaltung noch die gleiche war wie vor dreißig Jahren. Wir stiegen aus und gingen langsam Arm in Arm die Straße entlang.

Die Situation wurde noch surrealer, als ich bemerkte, dass wir beide beim Anblick unserer alten Nachbarschaft den gleichen Schock empfanden. Ich hatte schon andere Menschen begleitet, die das Zuhause ihrer Kindheit wieder besuchten, doch war es mir dabei stets möglich gewesen, mit Abstand dabei zu sein, da ich nicht direkt involviert war. Doch bei dieser Gelegenheit befanden wir uns beide in einem echten Déjà-vu-Szenario.

Ich starrte auf das Haus, in dem ich früher mit meiner Familie gewohnt hatte und in dem ich die ersten bewussten hellsichtigen Erlebnisse gehabt hatte. Ich erkannte die Hecke, die unser Grundstück von dem der Nachbarn trennte und in der ich einst einen Mann erblickt hatte – den meine Freunde nicht sehen konnten. Die Hecke erinnerte mich an den alten Schmerz, da meine Hellsichtigkeit mir damals das Gefühl gegeben hatte, anders zu sein als andere Menschen.

Steven hörte voller Mitgefühl zu, als ich ihm von meinen Kindheitserinnerungen erzählte. Einerseits war ich in einer liebevollen Familie aufgewachsen, mit Eltern, die uns Kinder lehrten, zu visualisieren und Gebete zur Heilung und Manifestation einzusetzen. Doch trotzdem litt ich wegen meiner Empfindsamkeit gegenüber den

Hänseleien anderer Kinder und weil meine Eltern meine Hellsichtigkeit nicht erkannt und verstanden hatten.

Steven nahm mich fest in seine Arme und tröstete: »Jetzt ist alles gut. Ich bin bei dir und ich liebe dich von ganzem Herzen.« Er schaute mir in die Augen, um sicherzugehen, dass ich seine Worte auch wirklich gehört hatte, und ich fühlte die Tiefe seiner Liebe.

Wir gingen zu dem Haus, in dem Steven als Kind gewohnt hatte, und ich merkte, wie seine Atemzüge tiefer wurden und seine Augen einen fernen Ausdruck annahmen. Er erinnerte sich an längst vergangene Zeiten. Da ich einen Großteil meiner Kindheit damit verbracht hatte, mit meiner Freundin Stephanie vor diesem Haus zu spielen, konnte ich viele Erinnerungen mit ihm teilen.

»Liebster«, bat ich, »kannst du dich bitte mal genau hier hinstellen?« Da Steven von meiner Erinnerung wusste, stimmte er sofort zu. Er stand an genau der Stelle und in der Position, in der ich ihn damals gesehen hatte, und blickte von mir weg in Richtung Swimmingpool. Bei diesem Anblick ging mein Atem schneller – er war so vertraut, doch waren wir beide jetzt größer und älter. Dann ging ich auf Steven zu, bis ich ihm schließlich gegenüberstand. Er zog mich an sich und küsste mich zärtlich.

Ich fühlte, wie mein Atem sich veränderte und bis tief in meinen Bauch hineinfloss. Ich hatte bis zu diesem Augenblick nicht bemerkt, wie flach mein Atem gewesen war. Stevens Zuneigung öffnete mein Herz, so wie der Kuss des Prinzen das schlafende Dornröschen geweckt hatte. Ich fühlte, wie das Eis dahinschmolz, das mein Herz umgeben hatte, seit es sich vor so vielen Jahren von Steven – meiner ersten Liebe – zurückgewiesen fühlte. Diese frühe Erfahrung unerwiderter Liebe hatte mein gesamtes späteres Liebesleben beeinflusst und ich wusste, dass dieses Muster nun geheilt war. Steven war meine erste und letzte Liebe.

Romantische Entscheidungen

»Schau dir das an!« Steven hielt mir eine dicht beschriebene Seite hin, damit ich sie lesen konnte. »Das sind meine guten Vorsätze vom letzten Jahr.« Es war Silvesterabend und wir bereiteten eine Mitternachtsmeditation im Laguna-Yoga-Zentrum vor.

Steven hatte auf dieser Seite bis ins kleinste Detail seine Intentionen für das Jahr aufgeschrieben. Beinahe alle hatten sich erfüllt, und zwar auf eine Weise, wie er es sich nie hätte träumen lassen. Der wichtigste Punkt betraf das Thema Beziehung und hörte sich an wie ein detaillierter Bericht über die Verbindung, die wir eingegangen waren. Er hatte, im Affirmationsstil der Gegenwart, seinen Wunsch niedergeschrieben, eine Frau in seinem Leben zu manifestieren, die Anfang vierzig war, in höchstem Maße kreativ, auf dem spirituellen Weg, und so weiter. Er schrieb, dass diese Beziehung eine Verbindung sein würde »mit meiner Dualseele, meiner einzig wahren Liebe, der Frau, mit der ich den Rest meines Lebens verbringen werde«. Als ich diese Worte las, erkannte ich, dass Steven mich in seinem Leben manifestiert hatte!

Bei der Meditation an diesem Abend saßen Steven und ich auf unseren Yogamatten und blickten auf den Altar, den Glenn Jaffrey für uns arrrangiert hatte. Auf dem Altar befanden sich verschiedenes Räucherwerk, Öle und Kerzen. Ich hatte außerdem Kerzen mitgebracht, deren Farben die Chakren repräsentierten.

Steven und ich führten die Anwesenden durch eine Chakren-Reinigungszeremonie, wobei ich zu jedem Thema jeweils die passende Kerze entzündete. Beim Thema Geld zum Beispiel zündete ich die rote Kerze an, die das Wurzel-Chakra symbolisiert.

Daran schloss sich eine »Zukunftsvision« an, bei der es darum ging, ein Jahr in die Zukunft zu schauen und zu sehen, was passiert, wenn wir unserer göttlichen Führung folgen. Anschließend verankerten wir die Meditation durch unsere Dankbarkeit für die Geschenke, die uns der Himmel im Laufe des Jahres zukommen lassen würde.

Dann führte Steven die Gruppe durch eine Bewegungsmeditation, bei der er sie aufforderte, aufzustehen und sich intuitiv zu der Musik zu bewegen, die er auflegte. Ich merkte, wie ich alle Hemmungen losließ und mich voller Freude im Rhythmus der Musik drehte und wiegte. Das sanfte Licht und die wohltuende Energie im Raum schien uns allen die Erlaubnis zu geben, ungezwungen zu tanzen, frei von allen Ängsten und Beschränkungen.

Schließlich war es beinahe Mitternacht und wir nahmen erneut unsere Lotusposition auf den Yogamatten ein. Ich stellte fest, dass Steven und ich genau einen halben Meter von dem Platz entfernt saßen, wo wir einander bei der Yogastunde vor einem Jahr wieder begegnet waren.

Wir baten die Seminarteilnehmer, das »OM« mit uns anzustimmen, um das neue Jahr willkommen zu heißen. Wir alle begannen, das »OM« zu singen, den Ton, der die Schöpfung und die Macht der Manifestation symbolisiert. Wir machten uns keine Gedanken darüber, ob wir einstimmig sangen oder nicht, und bald war der Raum mit Wellen von Klang erfüllt. Der natürliche Rhythmus, der auf diese Weise zustande kam, hörte sich an wie eine wunderbare Symphonie.

Steven und ich hielten uns während des Singens an den Händen. Die Uhr schlug Mitternacht und zwanzig Sekunden später drückte Steven fest meine Hand. Wir hatten die Augen geschlossen, während wir sangen, doch Stevens Händedruck holte mich in die Realität zurück. Ich öffnete die Augen und schaute ihn an. Sein Blick ruhte auf mir und seine Augen waren weit geöffnet.

Während wir einander tief in die Augen blickten, fragte Steven: »Willst du mich heiraten?«

Ich blinzelte vor Überraschung, da mein Bewusstsein nach all den Ritualen noch nicht wieder ganz da war. »Meinst du das ernst?«, fragte ich.

Steven lächelte mich liebevoll an. »O ja, sehr ernst. Willst du mich heiraten?«

»Ja«, erwiderte ich. »Natürlich will ich dich heiraten. Ich habe dich mein Leben lang geliebt, Steven.«

»Also hast du soeben ›Ja‹ gesagt?«, fragte Steven, um meine Antwort bestätigt zu bekommen.

»Ja, ich möchte dich liebend gerne heiraten!«, erklärte ich.

Steven lehnte sich zu mir hinüber und küsste mich. Die anderen im Raum, die immer noch die Augen geschlossen hatten und voll damit beschäftigt waren, »OM« zu singen, wussten nicht, welch wunderbares Ereignis soeben stattgefunden hatte.

Nachwort: Die Botschaft der Feen an uns alle

In der Nacht nach unserer Verlobung fragte ich Steven, ob er jemals an der Landspitze von Dana Point gewesen war. »Ich habe davon gehört, bin aber noch nie dort gewesen«, antwortete er.

Ich fühlte mich Steven so nahe, dass ich ihm all die geheimen Orte zeigen wollte, wo ich Elementarwesen begegnet war und mit ihnen gesprochen hatte. Wir fuhren zur Selva Avenue in Dana Point und stellten unseren Wagen auf dem Parkplatz ab. Ich hielt seine Hand, während wir den sandigen Pfad hinauf zu der Landspitze gingen. Das Mondlicht schimmerte über den Bäumen und warf ein ätherisches blauweißes Licht auf den Weg vor uns.

»Ich habe noch nie jemanden hierher mitgenommen«, erklärte ich ihm. »Es hat sich bis heute nie richtig angefühlt.« Dann zeigte ich auf einen großen Strauch. »Siehst du das Gesicht in dem Strauch dort drüben? Siehst du die riesigen Augen, die Nase und den Mund? Das ist das Gesicht eines Strauchwesens.«

Ich hatte Steven bereits von den Strauch- und Baumwesen erzählt und wusste, dass seine schamanischen Studien unter anderem auch mit diesen ursprünglichen Wesen zu tun hatten. Steven sah sofort die riesigen Gesichter der Strauch- und Baumwesen und spürte, wie ihre magische Energie ihn begrüßte.

Wir standen im Schein des Mondlichts und horchten auf das Rascheln des Windes in den Blättern. Während ich im Einklang mit Steven atmete, hörte ich die Feen sagen: »*Wir begrüßen diese Verbindung von Herzen und geben euch unseren Segen, indem wir Steven gemeinsam mit dir in unsere Mitte holen. Ihr habt beide die Aufgabe, den Menschen ihre Verantwortung als Hüter von Mutter Erde klarzumachen. Steven ist bereits seit geraumer Zeit mit dieser Mission beschäftigt, lange bevor du mit deiner eigenen Mission begonnen hast. Er ist ein Mensch mit erstaunlicher Tiefe und einzigartigen Führungsqualitäten, die wir uns beim Beschleunigen der Heilung des Planeten zunutze machen werden.*

Wir bitten euch, eure Beziehung mit Liebe, Freundschaft und einem Geist der Verspieltheit lebendig zu halten. Mehr als alles andere entwickle die Freundschaft weiter, die bereits zwischen dir und deinem geliebten Steven erblüht ist. Gib ihm Raum, damit er wachsen und atmen kann. Stelle hohe Erwartungen an euch beide und wisse, dass du vom ersten Tag an einer göttlichen Aufgabe gefolgt bist. Wir gehen mit dir und Steven bereitwillig eine Partnerschaft ein und werden auf unserem gemeinsamen Weg immer wieder mit euch in Kontakt treten. Auch andere Lichtarbeiter werden immer wieder deinen Weg kreuzen und du wirst auf immer mehr Magie bei euren Treffen stoßen, da wir Feen den Kerzenschein des Glücks für jeden in eurer Mitte anzünden werden.

Wir Feen schauen in die Herzen aller Lichtarbeiter und wir sehen ihren ehrlichen Wunsch, zum Wohlergehen des Planeten beizutragen und über ihre gegenwärtigen Begrenzungen hinauszuwachsen. Bitte sie, sich in den elementaren Niederungen auf uns einzulassen, und wir werden ihre Schritte in höhere Dimensionen lenken. Wir werden ihnen helfen, ihre Visionen, ihre Talente und ihren Freundeskreis zu erweitern. Wir werden Magie in ihr Leben bringen und ihnen auf diese Weise ein stärkeres Gespür für Vergnügen und Unbeschwertheit vermitteln.

Bitte sag den Menschen überall, dass das Reich der Feen lebendig und aktiv ist und direkt vor ihren Füßen liegt! Wir sind verwandte Seelen mit einer gemeinsamen Aufgabe, und wenn die Menschen wüssten, wer wir sind und was wir in Wahrheit repräsentieren, würden sie ohne Zögern in die Felder hinauseilen, in die Parks und in die Wildnis, um uns zu begegnen. Bitte mach ihnen deutlich, dass wir zusammen das gemeinsame Ziel einer gereinigten und gesunden Mutter Erde erreichen können.

Bitte erzähle ihnen von der Macht, die jeder Mensch hat, positiv auf seine Umwelt einzuwirken. Bitte kläre sie auch über die Tatsache auf, dass wir ihnen helfen können, alle Ängste zu heilen, die sie von dieser Aufgabe abhalten, ob sie nun das Herz, die Finanzen oder die Seele betreffen – wir sind bereit und in der Lage, ihnen zu helfen. Jedes Mal, wenn ein Mensch an uns glaubt, erhalten wir zusätzliche Energie und Kraft. Wir brauchen diese Zuwendungen, um die ungeheure Aufgabe erledigen zu können, die vor uns liegt. Hab keine Angst, an das zu glauben, was du nicht auf Anhieb sehen kannst. Geh immer wieder hinaus in die Natur und kommuniziere mit uns. Achte darauf, wie du dich während dieser Momente fühlst, und fürchte dich nicht davor, von deiner Vorstellungskraft in die Irre geführt zu werden.

Wir sind so lebendig wie du und genauso lebendig ist unsere Liebe für dich.«

Danksagung

Einen bunten Strauß von Dankeschöns an Grandma Pearl, Steven Farmer, Glenn Jaffrey, Nancy Chien-Eriksen, Charles Schenk, Grant Schenk, Nicole Farmer, Cat Farmer, Johnna Michelle, Steve Allen, Steve Prutting, Bronny Daniels, Louise L. Hay, Reid Tracy, Jill Kramer, Christy Salinas, Jeannie Liberati, Ron Tillinghast, Shannon Todd und Summer McStravick.

Anhang

Literatur

Ein Kurs in Wundern. Greuthof, Gutach i. Br. 2001

Virtue, Doreen: *Das Heilgeheimnis der Engel*. Heyne, München 2001

Virtue, Doreen: *Die Heilkraft der Engel*. Heyne, München 2002

Virtue, Doreen: *Das Heil-Orakel der Engel*. Heyne, München 2002

Virtue, Doreen: *Das Heil-Orakel der Feen*. Heyne, München 2002

Virtue, Doreen: *Das Praxisbuch für Indigo-Eltern*. Koha-Verlag, Burgrain 2002

Organisationen

EARTHSAVE INTERNATIONAL

Informationen über Umweltaktivitäten und Fakten für Verbraucher für alle, die an der Gesunderhaltung der Umwelt interessiert sind.

EarthSave International
1509 Seabright Ave., Suite B
Santa Cruz, CA 95062
USA
www.earthsave.org
Tel.: USA 831 - 423.0293
Fax: USA 831 - 423.1313

PEOPLE FOR THE ETHICAL TREATMENT OF ANIMALS (PETA)

Hilft misshandelten Tieren und dient als eine Quelle der Information über tierfreundliche Unternehmen.

501 Front Street
Norfolk, VA 23510
USA
www.peta.org
Tel.: USA 757 - 622-PETA (7382)
Fax: USA 757 - 622.0457

Über die Autorin

Doreen Virtue ist eine hellsichtig begabte Psychotherapeutin, die mit den Ebenen der Engel und der Feen arbeitet und andere Menschen lehrt, Engel und Feen wahrzunehmen und mit ihrer Hilfe auf emotionaler, mentaler und körperlicher Ebene Heilung zu finden.

Doreen Virtue war zu Gast bei diversen amerikanischen Fernsehshows, wie zum Beispiel Oprah, The View (mit Barbara Walters), Good Morning America und CNN. Artikel über ihre Arbeit sind in den amerikanischen Magazinen Redbook, McCall's, USA Today und anderen Publikationen erschienen. Außerdem ist sie Autorin zahlreicher Bücher.

Weitere Informationen über Seminare, Bücher und Kassetten finden Sie auf ihrer Website unter
www.angeltherapy.com

oder bei Hay House:
Hay House, Inc.
P.O. Box 5100
Carlsbad, CA 92018-5100
USA
Tel.: 001-760-431-7695
Fax: 001-760-431-6948
www.hayhouse.com